LETTRES

DE

MAITRES DE LA SAGESSE

1881-1888

AVEC UN AVANT-PROPOS

DE

ANNIE BESANT

Présidente de la Société Théosophique

(Transcrites et réunies par **C. Jinarajadasa**)

———

TRADUIT DE L'ANGLAIS

———

PARIS

PUBLICATIONS THÉOSOPHIQUES

4, SQUARE RAPP, 4

1920

LETTRES
DE MAITRES DE LA SAGESSE
1881-1888

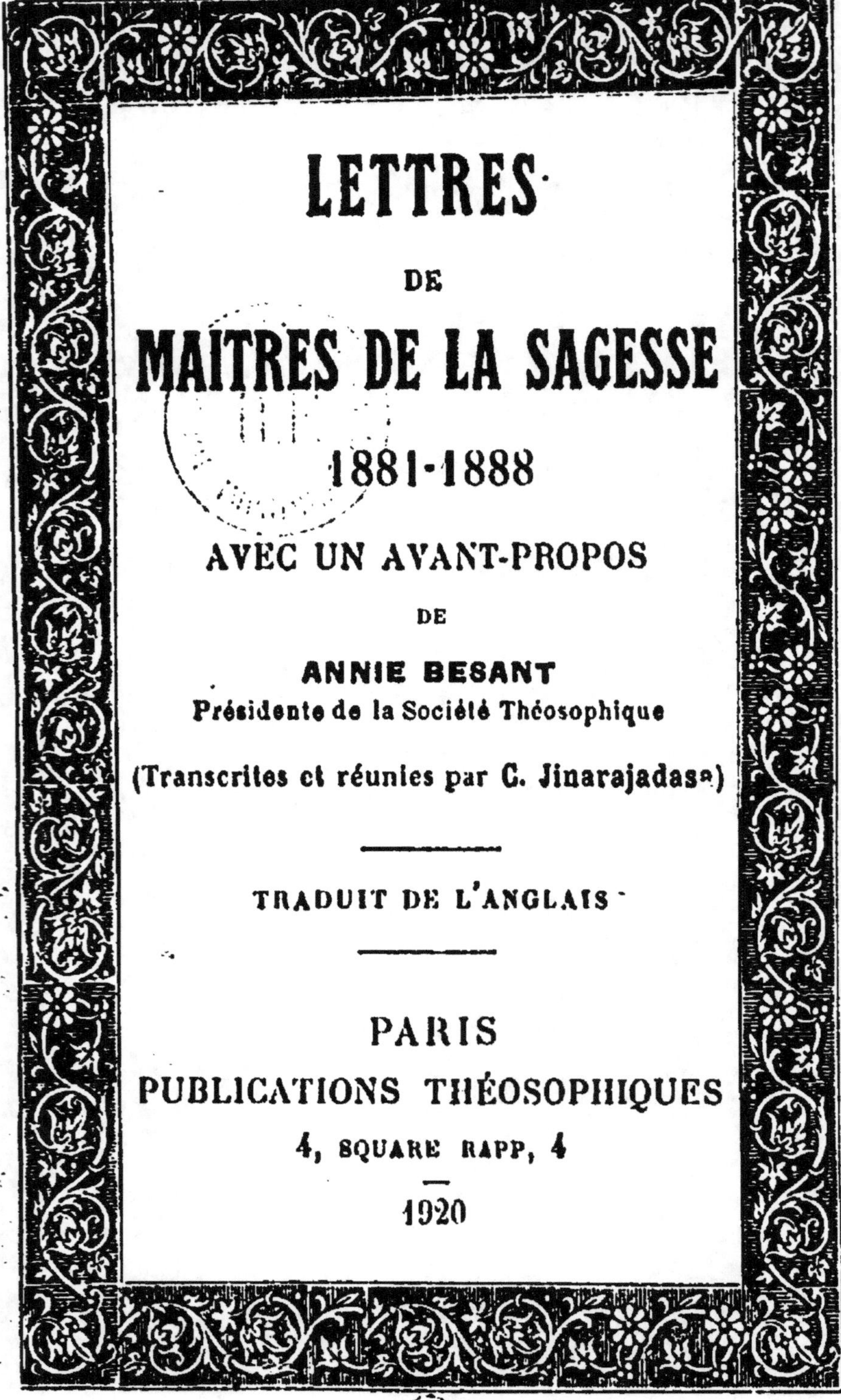

LETTRES

DE

MAITRES DE LA SAGESSE

1881-1888

AVEC UN AVANT-PROPOS

DE

ANNIE BESANT

Présidente de la Société Théosophique

(Transcrites et réunies par C. Jinarajadasa)

TRADUIT DE L'ANGLAIS

PARIS

PUBLICATIONS THÉOSOPHIQUES

4, SQUARE RAPP, 4

1920

AVANT-PROPOS

J'ai le privilège de présenter au monde ce court mais précieux recueil des lettres de nos Frères Aînés, fondateurs véritables de la Société Théosophique.

Nombreux, sur le Sentier de Probation, les pèlerins qui trouveront, dans ces pages, en abondance, l'aide et l'inspiration. Le présent recueil aura également pour effet de rendre plus profond le sentiment que nos Instructeurs sont *réels*, sentiment affaibli quelquefois chez les néophytes par les événements tumultueux du monde ambiant; comme le son d'une vina est impossible à percevoir si l'instrument est joué dans le fracas d'une usine. Puisse ce livre parler à ceux qui ont des oreilles pour ouïr.

ANNIE BESANT.

TABLE DES MATIÈRES

LA SOCIÉTÉ THÉOSOPHIQUE
ET SON ŒUVRE

LETTRE I (1).

La doctrine que nous promulguons étant
la seule vraie doit, à l'aide de preuves que
nous nous préparons à donner, finir comme
toute autre vérité par triompher. Néanmoins,
il est absolument nécessaire de l'inculquer
par degrés et d'invoquer à l'appui de ces
théories, — faits évidents pour ceux qui
savent, — les déductions directes fournies
et corroborées par les données de la science
exacte moderne. Voilà pourquoi le colonel
H. S. O., dont le seul but est le réveil du
Bouddhisme, peut être regardé comme un
homme qui travaille dans le vrai sentier
théosophique beaucoup plus que toute autre
personne cherchant à satisfaire son désir

(1) Voyez les « Notes » à la fin du volume pour
toute note numérotée.

ardent d'acquérir des connaissances occultes. Le Bouddhisme, dépouillé de ses superstitions, est l'éternelle vérité que l'on ne peut prendre pour objectif sans chercher à atteindre la Theos-Sophia, la Sagesse Divine, synonyme de la Vérité. Afin de permettre à nos doctrines d'exercer leur action sur le code moral, comme on l'appelle, ou sur les idées touchant la véracité, la pureté, l'abnégation, la charité, etc., il faut répandre dans le public les notions théosophiques. Ce n'est pas la résolution individuelle d'atteindre au Nirvâna (faîte suprême de toute connaissance et sagesse absolue), résolution qui n'est en définitive qu'un égoïsme supérieur et magnifique, c'est la recherche désintéressée des meilleurs moyens de faire suivre à notre prochain le bon chemin, et d'amener le plus grand nombre possible de nos semblables à en profiter, qui constitue le vrai théosophe.

Dans l'humanité, les classes intellectuelles semblent bientôt devoir se grouper en deux catégories : la première se prépare inconsciemment de longues périodes d'annihilation temporaire ou d'inconscience parce qu'elle renonce volontairement à l'exercice de la raison et s'emprisonne dans le cadre étroit de la bigoterie et de la superstition, amenant ainsi la déformation inévitable du principe intellectuel ; l'autre se livre sans retenue à ses penchants animaux, dans l'intention bien arrêtée de se *soumettre* à l'annihilation pure et simple en cas d'insuccès, à des milliers d'années de dégradation après la dissolution physique. Ces « classes intellectuelles » réagissent sur les masses ignorantes qui, subissant leur attraction, les regardent comme de grands et dignes modèles à imiter ; elles imposent ainsi la dégradation et la ruine morale aux hommes qu'elles devraient protéger et guider. Entre une superstition dégradante et un matérialisme brutal plus dégradant encore, la blanche colombe de la vérité trouve à peine la place de poser ses pieds fatigués.

Il est temps que la Théosophie se présente dans l'arène. Les fils de théosophes préféreront sans doute la Théosophie à toute autre doctrine. Aucun messager de la vérité, aucun prophète n'a jamais réalisé au cours de sa vie un triomphe complet — pas même Bouddha. La Société Théosophique a été choisie pour constituer la pierre d'angle, le fondement des futures religions humaines. Pour atteindre ce but il fut décidé qu'une communion plus vaste, plus éclairée et surtout caractérisée par plus de bienveillance mutuelle, devait rapprocher les plus élevés et les plus humbles, l'Alpha et l'Oméga de la Société. A la race blanche de tendre la première une main amicale aux Nations noires et d'appeler frère le pauvre « nègre » méprisé. Cette perspective ne sourira pas également à tous, mais il est impossible d'être un Théosophe et de méconnaître ce principe.

Étant donné le triomphe et, en même temps l'abus croissant de la libre pensée et de la *liberté* (règne universel de Satan comme l'eût appelé Éliphas Lévi), comment empêcher l'instinct combatif *naturel* de l'homme d'infliger des cruautés et des énormités, une tyrannie, une injustice, etc., inconnues jusqu'ici, sinon par l'influence apaisante d'une confrérie et d'une application pratique des doctrines ésotériques de Bouddha ? Car, chacun le sait, rejeter entièrement cette autorité de la puissance ou loi universelle, appelée par les prêtres Dieu, par les philosophes de tous les âges Bouddha, Sagesse et Illumination Divines, Théosophie, — c'est rejeter du même coup toute loi humaine. Délivrées des liens qui les enserraient, du poids mort des interprétations dogmatiques, des noms personnels, de l'anthropomorphisme et des prêtres salariés, les doctrines fondamentales de toutes les religions se montreront identiques dans leur sens ésotérique. Osiris, Krishna, Bouddha, Christ ne seront plus que des noms différents pour signifier la voie unique et royale menant à la béatitude finale, au NIRVANA. Le Christianisme mystique, c'est-à-dire le Christianisme qui enseigne la rédemption humaine par notre septième principe, le Param-Atma appelé (Augoeides) par les uns Christ, par les autres Bouddha et qui correspond à la régénération ou à la nouvelle naissance spirituelle, ce Christianisme apparaîtra comme la même vérité que le Nirvâna du

Bouddhisme. Tous nous devons nous délivrer de notre propre Ego, du moi illusoire et apparent, pour reconnaître notre véritable Moi dans une vie divine transcendentale. Mais, si nous ne voulons pas être égoïste, il faut nous efforcer de montrer cette vérité à nos semblables, et de leur faire reconnaître la réalité de ce Moi transcendental, de ce Bouddha, Christ ou Dieu de tout prédicateur. Voilà pourquoi le Bouddhisme, même exotérique, est le chemin le plus sûr pour amener les hommes à la vérité une et ésotérique.

Partout, de nos jours, qu'il s'agisse de Chrétiens, de Musulmans ou de Païens, la justice est un vain mot, l'honneur et la pitié sont jetés au vent. Bref, les personnes les plus désireuses de nous servir personnellement, comprenant mal les buts principaux de la S. T., quelle action exercerions-nous sur le reste des hommes et sur ce fléau appelé « le combat pour la vie » qui est au fond le père, et le plus prolifique, de la plupart des douleurs et des chagrins comme de tous les crimes ? Pourquoi ce combat est-il devenu dans ce monde un but presque universel ?

La raison, répondrons-nous, en est qu'aucune religion, sauf le Bouddhisme, n'a encore enseigné le mépris pratique de la vie terrestre. Chacune au contraire, toujours à cette seule et unique exception, a inculqué à ses fidèles au moyen de son enfer et de sa damnation la plus grande crainte de la mort. Voilà pourquoi nous voyons cette lutte pour la vie soutenue avec le plus d'âpreté dans les contrées chrétiennes, particulièrement en Europe et en Amérique. Elle est moins ardente dans les régions païennes, presque inconnue parmi les Bouddhistes. En temps de famine on a remarqué qu'en Chine, où les masses sont le plus ignorantes de leur religion comme de toutes les autres, les mères qui dévoraient leurs enfants appartenaient à des localités où se trouvaient le plus de missionnaires chrétiens. Là où, en l'absence des missionnaires, les bonzes avaient la haute main, les gens mouraient sans manifester le moindre trouble. Enseignez au peuple qu'ici-bas la vie, même la plus heureuse, n'est que fardeau et mirage ; que seul notre Karma personnel, cause génératrice des effets, est

notre juge et notre sauveur dans les existences futures — et la grande lutte pour la
vie perdra bientôt de son acharnement. Il
n'y a point de bagnes en pays bouddhistes
et le crime est presque inconnu parmi les
Bouddhistes thibétains. Le monde en général,
et le christianisme en particulier, soumis
pendant deux mille ans au dogme d'un
Dieu personnel, comme les systèmes poli-
tiques et sociaux basés sur cette idée, ont
fait fausse route.

Les Théosophes disent peut-être : « Nous
n'avons rien à voir là dedans. Les classes
les plus basses et les races inférieures (celles
de l'Inde par exemple, telles que les considèrent les Anglais) ne peuvent en rien nous
concerner et doivent se tirer d'affaire comme
elles peuvent. » Mais alors, que deviennent
nos belles professions de charité, de philanthropie, de réformes, etc. ? Sont-elles déri-
soires ? Et, dans ce cas, notre sentier peut-il
être bon ? Nous appliquerons-nous à enseigner à quelques Européens, grassement
pourvus, dont beaucoup sont comblés de
biens par une fortune aveugle, le secret des

sonnettes astrales, de la « cup-growing (1) » du téléphone spirituel, de la formation du corps astral, et laisserons-nous la foule innombrable des ignorants, des pauvres, des méprisés, des humbles et des opprimés se tirer d'affaire de leur mieux aujourd'hui et dans l'au-delà ? Jamais ! Périsse plutôt la S. T. avec ses infortunés fondateurs que de lui permettre de devenir une simple académie de magie, un institut d'occultisme ! Que nous, dévoués serviteurs de cet esprit incarné, d'abnégation absolue de philanthropie, de divine bonté comme de toutes les plus hautes vertus accessibles en ce triste monde, que nous, serviteurs de l'homme par excellence, Gautama Bouddha, nous permettions jamais à la S. T. de représenter *la personnification de l'égoïsme* et de donner refuge à quelques hommes qui n'accordent aucune pensée à la multitude, voilà, mes frères, une étrange idée. Parmi les quelques observations faites par les Europééns sur le Thibet et sur la hiérarchie mystique des

(1) Production de la tasse, voir *le Monde occulte*, de A. P. SINNETT, pp. 89-91.

« Lamas parfaits », il en est une qui a été correctement faite et exprimée en ces termes: « L'incarnation du Bodhisattva, Padma Pani ou Avalokitesvara, celle de Tsong-kapa et celle d'Amitabha renoncent en mourant à atteindre le rang de Bouddha, c'est-à-dire le *summum bonum* de la béatitude et de la félicité individuelle, personnelle, afin de renaître et de renaître encore pour servir l'humanité ; » (R. D.)* — en d'autres termes afin de pouvoir rester sujettes à la misère, à l'emprisonnement de la chair et à toutes les tristesses de l'existence, pourvu qu'un sacrifice pareil, répété au cours de longs et mornes siècles, leur permette d'assurer le salut et le bonheur à venir d'une poignée d'hommes choisis dans une seule des nombreuses races humaines ! Et c'est nous, humbles disciples de ces Lamas parfaits, que l'on suppose devoir autoriser l'abandon par la S. T. de son noble titre, Fraternité Humaine, pour devenir une simple école de psychologie. Non, non, mes bons frères,

* (Rhys Davids.)

vous avez vécu trop longtemps déjà dans cette illusion. Sachons nous comprendre mutuellement. Les personnes qui ne se sentent pas capables d'apprécier suffisamment l'idée magnifique pour lui consacrer leurs efforts n'ont pas à entreprendre une tâche au-dessus de leurs forces. Mais à peine se trouve-t-il dans toute la Société un seul Théosophe incapable de l'aider d'une manière efficace en rectifiant les opinions erronées qui courent le monde, sinon en répandant lui-même l'idée théosophique. Nous appelons les caractères nobles et désintéressés à nous assister, aux Indes, dans cette tâche divine. Tout notre savoir passé et présent ne suffirait pas pour les en récompenser.

Telles sont nos vues et nos aspirations. Il ne me reste à ajouter que quelques mots. Pour être vraies, la religion et la philosophie doivent fournir la solution de tous les problèmes. Le déplorable état moral de l'humanité est la preuve indéniable qu'aucune de ses religions et de ses philosophies, celles des races *civilisées* moins que toutes autres, n'a jamais possédé la *vérité*. Les explications correctes et logiques concernant les problèmes des grands principes dualistes, juste et injuste, bien et mal, liberté et despotisme, souffrance et plaisir, égoïsme et altruisme, leur sont aussi impossibles à donner aujourd'hui qu'il y a 1881 ans. Elles sont plus éloignées que jamais de la solution. Pourtant une solution rationnelle doit exister quelque part, et si nos doctrines se montrent capables de la fournir, le monde reconnaîtra bien vite en elle la vraie philosophie, la vraie religion, la vraie lumière qui apporte le vérité et rien que la vérité.

LETTRE II (2).

Salut aux délégués hindous, parsis, bouddhistes, anglais et autres ainsi qu'aux membres présents.

Vous appartenez à des nationalités et à des religions diverses, mais, souvenez-vous-en, vous êtes presque tous les enfants d'une seule mère, l'Inde. Qu'à cette pensée correspondent vos actes. Il faut que la célébration de la cérémonie anniversaire soit un grand succès. Il vous appartient de prouver à ceux dont l'animosité et l'hostilité vous poursuivent que, votre cause étant forte et basée sur le roc de la *vérité*, ne peut voir ses progrès entravés par aucune opposition, même puissante, si vous êtes tous unis et agissez de concert. Soyez fidèles. Soyez attachés à vos engagements, à votre devoir sacré, à votre patrie, à votre propre conscience. Soyez tolérants et respectez les opinions religieuses d'autrui si vous voulez que les vôtres soient, elles aussi, respectées. Fils de l'Inde, de l'Antique Aryavarta, soit par adoption, soit par le sang, souvenez-vous que vous êtes Théosophes et que la Théosophie ou Brahma Vidya est la mère de toutes les religions anciennes, bien que délaissée et répudiée de nos jours par la plupart de ses enfants ingrats. Souvenez-vous-en ; agissez en conséquence et le reste suivra en son temps.

Avec nos sincères bénédictions.

K. H.

Puisse aucun Karma nouveau s'attacher à ceux qui, l'an dernier, ont péché en pensée ou en action. Personnellement ils sont pardonnés. Puissent, avec une année nouvelle, de nouvelles espérances s'ouvrir devant eux.

R. H.

LETTRE III (3).

Communiquez au « Cercle Intérieur » ce qui suit, en lui montrant ce message et en le laissant entre ses mains. Si mon écriture est difficile à lire, faites-en une copie lisible.

I. — S'il devenait possible de poursuivre les Enseignements Ésotériques interrompus l'année dernière et si le Mahatma Kut-Humi était à même de reprendre sa correspondance, celle-ci ne pourrait passer que par les mains de Mr Sinnett, comme auparavant. Dès le début il a été le correspondant choisi; il a ressuscité la loge de Londres et travaillé pour la Cause de la Société Théosophique. Qu'il recueille le fruit Karmique; ce sera justice. Le Mahatma, son correspondant, ne pourrait, sans méconnaître ses droits, transmettre des enseignements périodiques par une autre personne.

II. — Cela convenu, reste la question : comment correspondre même avec Mr Sinnett ? H.-P. B. ne veut pas se charger de faire suivre et de transmettre les lettres. A cet égard elle a fait preuve assez longtemps de bonne volonté et d'abnégation et, à moins qu'elle n'agisse en pleine liberté, sans me soumettre la question, moi-même son Gourou depuis de longues années je n'ai pas le droit de l'y obliger. Damodar K. M. éprouve une répugnance semblable ou même plus marquée. Le rôle en question étant d'une nature karmique, K. H. ne peut ni ne

veut le lui imposer, ne devant pas intervenir dans les questions karmiques. Reste***
il n'a pas atteint le degré de développement
physiologique permettant à un Chela d'envoyer et de recevoir des lettres. Son évolution s'est poursuivie surtout sur le plan intellectuel. Or, une activité plus marquée
commençant à se manifester dans la région
reliant ce plan au plan spirituel, ses paroles
seront dans une grande mesure, comme elles
l'ont été jusqu'ici, inspirées par son Maître.
Il fera chaque jour des progrès si ses amis
aux courtes vues ne le gâtent point par des
compliments déplacés et s'il résiste aux influences séductrices qui convergent sur lui,
il aura de l'avenir ; seulement il n'est pas
préparé au transfert physique. D'ailleurs,
lorsqu'il tombera — ou s'il tombe jamais —
sous l'attraction du siècle, son inspiration
cessera et son nom sera inscrit sur « le rôle »
parmi ceux des défaillants. Un danger le
menace; son Maître le sait et hésite. Il y
a bien encore une autre personne, mais, en
admettant même qu'elle reçoive les facultés nécessaires, elle le dissimulera jusqu'au

dernier moment. Tous ne sont pas préparés à accepter de gaîté de cœur un martyre qui peut fort bien aboutir à cette grande infortune : l'interruption des études et du développement personnel.

III. — Quel que soit l'intermédiaire trouvé s'il en est, pour transmettre à M. S. les lettres de K. H., ni le « Cercle Intérieur » ni même la L.L dans son ensemble ne sont, en ce moment, à même de profiter des instructions désirées ni même de les recevoir avec calme. Un groupe d'étudiants des Doctrines Ésotériques doit, pour en tirer un profit spirituel, vivre en parfaite harmonie et dans une parfaite unité mentale. Individuellement et collectivement ils doivent avoir *dépouillé tout égoïsme*, faire preuve de douceur et de bonne volonté, tout au moins entre eux, sans parler de l'humanité. Esprit de parti, médisance, mauvaise volonté, envie, jalousie, mépris ou colère, aucun de ces sentiments ne doit exister parmi les étudiants. Ce qui affecte l'un devrait affecter les autres. Ce qui réjouit A devrait faire le plaisir de B. La L. L., ou même son Cercle

Intérieur, réunit-elle ces conditions absolument exigées par nos règlements et par nos lois ? C'est uniquement grâce à la grande bonté de K. H. que, malgré l'état déplorable de la L. L. pendant près de deux ans et malgré l'absence, parmi les membres, des conditions requises, il a continué de correspondre de temps à autre avec M. S. La récénte série de dissensions domestiques aurait bien vite pris fin et la plupart auraient pu être évitées s'il avait régné cette véritable unité fraternelle qui dispose une collectivité nombreuse à agir comme un seul homme et comme si elle ne possédait qu'un seul cœur et qu'une seule âme. Je suis obligé de dire qu'une transformation totale des sentiments au sein de la L. L. peut seule permettre à son utilité potentielle de servir la grande cause que nous avons embrassée. Dans sa condition présente elle tend à agir dans la direction contraire. La L. L. est un astre brillant, sans doute *le plus* brillant, dans le ciel théosophique mais pour la Société Mère elle constitue un rejeton aristocratique, un empire dans son empire, qui, gravitant vers son propre centre d'habitudes prises, de préjugés et de mondanités, jette dans la confusion le corps tout entier alors qu'elle pourrait si facilement devenir le rocher du salut, le port le plus sûr pour des milliers de ses membres.

Si elle tient à vivre, il lui faudra modifier son attitude jusqu'ici exclusive et égoïste. Elle devra, pour être un corps *théosophique*, appartenir à la « Fraternité Universelle ». Elle devra conformer entièrement ses activités à celles de la Société Mère et s'appliquer à faire régner dans la Société tout entière une solidarité et une unité de pensées parfaites. Aucun commérage, aucune calomnie ne doivent être tolérés ; aucune prédilection personnelle, aucun favoritisme ne doivent être manifestés, si c'est *nous* que la loge désire pour instructeurs. Le Mahatma Kut-humi peut, bien entendu, comme Adepte indépendant et agissant en son propre nom, écrire à tout correspondant de son choix — s'il trouve moyen de le faire sans enfreindre la bonne Loi Secrète — mais il ne consentira jamais à s'en écarter, même pour satisfaire ceux qui lui ont été le plus dévoués. Que la L. L. et particulièrement le Cercle Intérieur, séparent le grain de la balle, car, avec celle-ci, nous ne voulons rien avoir à faire. Qu'ils prêtent l'oreille à un conseil amical.

Voyez le néant des résultats obtenus jusqu'au retour de Mr Sinnet des Indes — et mettez à profit la leçon. A vous qui dites connaître le Karma, il est inutile de rappeler les divers scandales survenus aux quartiers généraux de Bombay et de Madras afin de pallier vos négligences passées : l'excuse est nulle.

Les dirigeants de la S. M. (4) ont commis et commettront encore bien des erreurs, précisément parce qu'ils sont seuls et laissés sans aide et sans protection, car ils auraient pu éviter des intimités aussi dangereuses. Si leur confiance a été surprise ils doivent s'en prendre à eux-mêmes. J'en dirai autant de quelques membres de la L. L. qui ont péché par imprudence et enthousiasme. La nature humaine est exactement aussi faible à Adyar que dans Chancery Lane ou à Paris.

En vérité c'est une tâche ardue que de transformer tant de matériaux médiocres en un organisme fort et parfait. Et cependant l'avenir du mouvement théosophique repose sur les membres du *Cercle Intérieur* : s'il n'est pas organisé comme il le devrait ils en porteront seuls la responsabilité.

M.

LETTRE IV (5).

A. *F.* A.

Le jour de la séparation est proche et je voudrais vous adresser quelques mots. Vous remplissez dans la L. L. des fonctions spéciales qui vous confèrent certains devoirs, certaines possibilités.

Il ne suffit pas que vous donniez l'exemple d'une vie pure et vertueuse et d'un esprit tolérant : ce ne sont là que des qualités né-

gatives tout à fait insuffisantes pour un Chela. Comme simple membre, à plus forte raison comme gradé, il faut apprendre que vous pouvez enseigner, acquérir les connaissances spirituelles et la force afin que les faibles puissent s'appuyer sur vous et que, dans leur tristesse, les victimes de l'ignorance apprennent de vous la cause et le remède de leurs souffrances. Il vous est loisible de faire de votre maison l'un des centres les plus importants du monde par son influence spiritualisante. La « force » y est maintenant concentrée et y restera, si vous ne l'affaiblissez ni ne la repoussez, comme une bénédiction et un avantage pour vous. Vous exercerez une action bienfaisante en encourageant les visites de vos collègues et de personnes en quête de renseignements et en groupant les mieux disposées pour l'étude et l'instruction. Persuadez à d'autres, ailleurs, de suivre votre exemple. Recherchez sans cesse avec vos collègues du Conseil la manière de rendre intéressantes les réunions générales de la Loge. Dès leur entrée les membres nouveaux devraient être pris en main par les anciens, recevoir une tâche particulière, enfin, être instruits à fond dans les matières que vous avez apprises afin qu'ils deviennent capables de participer intelligemment aux réunions périodiques. Il existe une tendance marquée à écourter la cérémonie de l'initiation, au point qu'elle ne fait plus d'impression sérieuse sur le candidat. La méthode de la Société Mère peut ne pas être conforme aux préjugés anglais mais l'extrême opposé, avec sa précipitation et son manque de dignité, est cent fois pire. Votre mode d'initiation est une insulte permanente à tous les Chelas réguliers : leurs Maîtres en sont mécontents. Pour nous c'est un acte sacré. Pourquoi en serait-il autrement pour vous ? Si chaque membre prenait pour devise les sages paroles d'un garçon tout jeune mais ardent théosophe et répétait avec *** : « Je suis Théosophe avant d'être Anglais, » jamais aucun adversaire ne renverserait votre Société. Cependant les candidats doivent apprendre et les membres anciens se rappeler toujours que la Société a entrepris une très sérieuse affaire et que, dès le début, ils doivent très sérieusement aussi travailler, en rendant théosophiques leurs propres vies : Le « Journal » a bien débuté et doit continuer à paraître. Il doit constituer le complément naturel de celui de la S. P. R., ce sac de noix que personne n'a cassées.

Votre Branche devrait correspondre avec toutes les autres Branches européennes. La Germania (6) peut vous aider ; les autres ont besoin de votre assistance. Le mouvement présent est pour toute l'Europe et non pas seulement pour Londres. Souvenez-vous-en. Les membres américains souffrent de grands désavantages et n'ont pas encore, depuis le départ des fondateurs, de guides compétents. Votre Branche peut et doit les aider car ils sont vos voisins et le quartier général est déjà trop occupé ailleurs. Un Chela sera désigné pour répondre aux questions générales si la Branche mérite cette assistance, mais, ne l'oubliez pas, nous ne sommes pas des scribes ou employés publics, disposant du temps nécessaire pour adresser sans cesse des notes ou réponses aux interrogations posées par des correspondants individuels concernant toutes leurs petites questions privées, questions dont ils pourraient trouver eux-mêmes les réponses. Nous ne permettrons pas, non plus, que ces notes privées circulent aussi librement que dans le passé. Il sera temps de *mettre en discussion* les conditions à remplir par le candidat Chela quand il aura assimilé les leçons données et maîtrisé ses vices et ses faiblesses les plus palpables. Vous pouvez montrer ou dire ceci à tous. La présente lettre est pour la Branche et vous est adressée comme à son chef.

Vous avez accepté le direction d'un service important, l'agence financière : vous avez bien fait. Ce genre d'assistance était bien nécessaire. Si les membres européens s'intéressent à la Société Mère, ils doivent s'employer à faire circuler ses publications et, quand elles en sont dignes, à les traduire dans d'autres langues. Les intentions — vous pouvez le dire à vos collègues — les intentions et les bonnes paroles comptent peu à nos yeux. Des actes, voilà ce qu'il nous faut et ce que nous exigeons. A cet égard***, pauvre enfant, a plus fait en deux mois que le meilleur de vos membres depuis cinq ans.

Les membres de la L. L. disposent d'une occasion comme il s'en présente rarement. Ils sont les maîtres d'un mouvement destiné à servir un monde où règne la langue anglaise, s'ils font tout leur devoir, les progrès du matérialisme, ceux d'une immoralité dangereuse, enfin le tendance au suicide spirituel pourront être enrayés. La théorie du salut par les mérites d'autrui a déterminé une réaction inévitable que seule peut compenser la connaissance du Karma. Le pendule a passé de l'extrême de la foi aveugle à l'extrême du scepticisme matérialiste : rien ne l'arrêtera sauf la Théosophie. N'est-ce pas un but digne de vos efforts que de détourner de ces Nations le sort que leur prépare leur ignorance ?

Croyez-vous que la vérité vous ait été montrée pour votre avantage exclusif ? Que nous ayons rompu notre silence séculaire au profit d'une poignée de rêveurs ? Les lignes convergentes de votre Karma vous ont tous amenés dans cette Société comme en un foyer commun, afin de vous permettre à chacun d'atteindre le but des efforts ébauchés dans votre dernière incarnation. Aucun de vous ne peut être aveugle au point de supposer qu'il s'occupe de Théosophie pour la première fois. Vous le comprenez sans doute, cela reviendrait à dire qu'il y a des effets sans causes. Sachez-le donc : à chacun de vous aujourd'hui le choix est laissé : soit, dans votre présente ou dans votre prochaine incarnation, la recherche ardue et solitaire de la connaissance spirituelle, soit cette recherche poursuivie en compagnie de vos collègues d'aujourd'hui et grandement facilitée par votre sympathie et vos aspirations communes. Bénédictions pour tous ceux qui les méritent.

K. H.

LETTRE V (7).

Étant donné, d'une part, la démission récente de M. Massey et la raison par lui invoquée, c'est-à-dire des soupçons à l'égard des Mahatmas ; d'autre part, la tendance de certains autres membres de la Loge de Londres à discréditer la doctrine orientale et à refuser leur confiance à ses représentants, nous soussignés, membres de la Loge de Londres, convaincus qu'il n'est point d'éducation spirituelle possible sans union absolue et sympathique entre les étudiants, désirons former un groupe intérieur.

Nous donnons au mot religion son sens le plus étendu et laissons à chacun ou à chacune, dans ledit groupe, la liberté de suivre son système théologique ou credo particulier — COMME IL A ÉTÉ FAIT JUSQU'ICI DANS TOUTES LES SOCIÉTÉS THÉOSOPHIQUES. — Néanmoins nous désirons voir s'établir, entre nous, une véritable union fraternelle capable de réa-

liser ces conditions qui, nous en sommes convaincus, sont impossibles dans la *Loge de
Londres* telle qu'elle est constituée.

*Ce Groupe Intérieur, Sanctuaire de la
Loge de Londres, nous sollicitons humblement
des Mahatmas nos Instructeurs aimés la
grâce de le reconnaître sans conditions res-
trictives. Nous leur demandons, aussi, de nous
accorder la permission spéciale de rédiger nos
propres statuts et d'élire notre propre Conseil,
enfin d'autoriser le Groupe, tout en restant
individuellement soumis aux règles et statuts
de la Loge de Londres, à être collectivement,
pour son travail particulier, indépendant de
cette Loge.*

*Le Nouveau Groupe a pour principe fon-
damental, avec une confiance implicite envers
les Mahatmas, une soumission absolue à leurs
désirs en tout ce qui concerne le progrès spirituel.*

N. B. — Néanmoins, tout membre sincèrement persuadé qu'il, ou elle, ne peut en
conscience obéir sans hésitation en tout ce
qui concerne le progrès spirituel, pourra
quitter le Cercle intérieur avec l'assurance

et la certitude qu'il, ou elle, ne sera pas accusée d'avoir failli à l'honneur.

H. P. BLAVATSKY.

— A LA CONDITION QU'IL, OU ELLE, NE DIVULGUE AUCUNE PARTIE DES ENSEIGNEMENTS, SOIT ORALEMENT, SOIT PAR LETTRE SANS PERMISSION SPÉCIALE DU SOUSSIGNÉ. K. H.

Pour terminer, en présentant cette requête à nos Maîtres vénérés, nous les supplions, s'ils l'approuvent, de confirmer leur approbation par leurs signatures et de consentir à continuer les enseignements accordés jusqu'ici, tant qu'il restera dans le groupe un seul membre fidèle.

APPROUVÉ. LE PACTE EST MUTUEL ; IL SERA MAINTENU TANT QUE LES SIGNATAIRES SE CONFORMERONT, EN ACTION, AUX « PRINCIPES FONDAMENTAUX » (DU GROUPE) ACCEPTÉS PAR EUX.

APPROUVÉ :   K. H.

  M.

LE SENTIER DU DISCIPLE

LETTRE VI (8).

La purification personnelle n'est l'affaire
ni d'un moment, ni de quelques mois, mais
d'années ; elle peut même se poursuivre
pendant toute une série d'existences. Plus
un homme se décide tard à vivre de la vie
supérieure, plus sera prolongé son noviciat,
car il est obligé d'annuler les effets de nombreuses années consacrées à des objets diamétralement opposés au but véritable. Plus
ses efforts sont énergiques et plus les résultats en seront brillants, plus il se rappro-
chera du Seuil. Si son aspiration est sincère —
si c'est une ferme conviction et non un sentiment fugitif — il fera passer d'un corps à
l'autre la détermination qui, finalement, lui
permettra d'atteindre le but désiré. B***
S*** m'a vu dans mon propre corps physique ; il peut montrer le chemin à d'autres :

il a, dans les rangs de la Société Théosophique, travaillé avec abnégation pour ses
semblables ; il en est récompensé bien qu'il
puisse ne pas s'en douter toujours.

R. H.

LETTRE VII (9).

Le printemps dernier — le 3 mars — vous
m'avez adressé une lettre que vous avez
confiée à « Ernest (10) ». Bien que ce message ne me soit jamais parvenu — et c'était
à peu près certain vu la qualité de l'intermédiaire — son contenu ne m'a pas échappé.
Sans vous répondre sur le moment je vous ai
transmis un avertissement par Upasika (11).
Dans votre lettre il était dit que, depuis la
lecture d'*Esot. Bud.* et d'*Isis* votre « unique
et grand désir est de vous placer *comme chela
sous ma direction afin d'avancer dans la connaissance de la vérité* ». — « M. S., continuiez-

vous, me donne à comprendre qu'il est presque impossible de devenir chela sans aller aux Indes. » Vous espériez entreprendre ce voyage quelques années plus tard, bien que des-liens de reconnaissance vous retinssent dans ce pays, etc. ».

Je réponds maintenant à ce qui précède ainsi qu'à vos autres questions.

(1) Il n'est *pas* nécessaire de passer aux Indes les sept années de probation. Un *Chela* peut les passer en tout pays.

(2) Il ne dépend pas de ma volonté propre d'accepter personne pour chela : cette acceptation doit être le résultat du mérite individuel et d'efforts soutenus pour atteindre le but. *Imposez-vous* à celui des « Maîtres » que vous aurez choisi ; faites de bonnes œuvres en son nom et pour l'amour de l'humanité ; soyez pur ; suivez résolument le sentier de la justice (tel que le définissent *nos* règles) ; soyez honnête et altruiste ; ne vous oubliez vous-même que pour songer au bien des autres — et vous aurez *forcé* ce « Maître » à vous accepter.

Voilà pour les candidats dans les périodes

où votre Société progresse en paix. Mais il faut davantage quand la Théosophie, la Cause de la Vérité, placée entre la vie et la mort, comparaît devant le tribunal de l'Opinion publique — ce tribunal, de tous le plus frivolement cruel, le plus prévenu et le plus injuste. Il faut aussi considérer le Karma collectif *de la caste dont vous faites partie* (12). Fait indéniable : la cause que vous avez à cœur est actuellement en butte aux ténébreuses intrigues, à la méprisable conspiration du clergé et des missionnaires chrétiens contre la Société. Ils ne reculent devant rien pour déshonorer ses Fondateurs. Êtes-vous prêt à expier *leurs* péchés ? En ce cas, allez passer quelques mois à Adyar. Une absence de quelques mois ne rompra, elle n'affaiblira même pas « les liens de la reconnaissance » si votre décision est expliquée à votre parent de façon plausible. Pour abréger les années de probation il faut consentir à la Théosophie certains sacrifices. Poussée par des mains hostiles jusqu'au bord même d'un précipice, la Société a besoin de tout homme, de toute femme dévoués à la cause de la vérité. Pour recueillir les fruits d'actions méritoires il faut *agir* noblement et ne pas se borner à en proclamer la nécessité. Comme pour « l'homme accompli » de Carlyle, « la difficulté, l'abnégation, le martyre et la mort sont les *séductions* qui entraînent aux heures d'épreuve le cœur du véritable chela.

« Quelles règles », me demandez-vous, devrai-je observer pendant ce stage de probation et quand puis-je espérer qu'il commencera ? » Je réponds : Votre avenir est en vos propres mains comme je l'ai indiqué plus haut et chaque jour vous pouvez en tisser la trame. Si j'*exigeais* que vous fissiez telle ou telle chose au lieu de me borner à un simple conseil, je serais responsable de tout effet découlant de vos actes et votre mérite ne serait que secondaire. Réfléchissez : vous verrez que cela est vrai. Ainsi confiez votre destin à la Justice sans craindre jamais que sa réponse ne soit absolument vraie. Le stage du chela est à la fois éducatif et probationnaire ; du chela seul dépend que ce stage se termine par l'adeptat ou par l'insuccès. Comprenant mal notre système les chelas s'attendent trop souvent à recevoir des ordres, perdant ainsi un temps précieux qu'ils devraient consacrer à des efforts personnels. Notre cause a besoin de missionnaires, de dévots, d'agents et même peut-être de martyrs, mais elle ne peut imposer ces rôles à personne. Ainsi faites votre choix. Prenez en mains votre propre destinée et puisse la mémoire (13) de notre Seigneur, le Tathâgata, vous aider à prendre la meilleure décision.

R. H.

LETTRE VIII (14).

Votre intuition vous ayant montré le bon chemin et fait comprendre que *mon désir* était de vous voir partir *immédiatement* pour Adyar, je n'ajouterai rien. Plus vite vous vous rendrez à Adyar, mieux cela vaudra. Ne perdez pas inutilement un seul jour. Embarquez-vous le 5, si possible. Rejoignez Upasika à Alexandrie. Que tous ignorent votre départ et puisse la bénédiction de notre Seigneur et ma pauvre bénédiction vous préserver de tout mal dans votre vie nouvelle.

Salut, *mon nouveau Chela.*

R. II.

LETTRE IX (15).

Ne soupirez pas pour le jour où vous deviendrez Chela. Ne poursuivez pas un objectif dont les dangers et les rigueurs vous sont inconnus. Nombreux, en vérité, sont les chelas qui s'offrent à nous et, cette année, nous comptons autant de défaillants que de probationnaires acceptés. Le stage du chela dévoile l'homme intérieur et active à la fois la vertu endormie et le vice endormi. Le vice latent engendre des péchés actifs et souvent se termine par l'aliénation mentale. Jetez un coup d'œil autour de vous ; prenez des informations à Bareilly et Caronpore et jugez par vous-même. Soyez pur, vertueux ; vivez saintement et vous serez protégé. Mais — souvenez-vous-en — il vaut mieux pour celui qui n'est pas pur comme un jeune enfant renoncer à la vie du chela. J'ai interdit au quartier général de m'adresser aucune lettre.

K. H.

P.-S. (16). — La purification personnelle n'est l'affaire ni d'un moment, ni de quelques mois, mais d'années ; elle peut même se poursuivre pendant toute une série d'existences. Plus un homme se décide tard à mener la vie supérieure, plus sera prolongé son noviciat car il est obligé d'annuler les effets de nombreuses années consacrées à des objets diamétralement opposés au but véritable.

LETTRE X (17).

L'homme qui, se conformant au code de l'honneur généralement reçu et admis, se condamne lui-même pour le salut d'une cause honorable, s'apercevra peut-être un jour qu'il a ainsi réalisé ses aspirations les plus hautes.

L'égoïsme et l'absence de renoncement sont les obstacles les plus grands sur le sentier de l'adeptat.

K. H.

LETTRE XI (18).

Mes chelas ne doivent jamais entretenir à l'égard de nos agents des doutes ou des soupçons, ni leur nuire par des pensées coupables. Nos manières d'agir sont étranges et anormales et font trop souvent naître le soupçon. Celui-ci constitue un piége et une tentation. Heureux l'homme à l'oreille duquel les perceptions spirituelles murmurent toujours la vérité. Jugez par ces perceptions et non à votre point de vue mondain les personnes qui nous approchent.

K. H.

L'INDE ET LE MOUVEMENT THÉOSOPHIQUE

LETTRE XII (19).

Ne dégradez pas la vérité en l'imposant à des esprits récalcitrants. Ne recherchez pas l'aide des hommes dont les cœurs ne sont pas assez patriotes pour travailler avec abnégation au bien de leurs concitoyens. « Quel bien pouvons-nous accomplir ? » demande-t-on. « Comment servir l'humanité ou même notre propre pays ? » Ce sont là, en vérité, de tièdes patriotes. Voyant son pays périr, comme nation, faute de vitalité et d'influx de forces neuves, *le patriote* saisit la dernière paille. Mais existe-t-il, au Bengale, *de véritables patriotes ?* S'ils avaient été nombreux nous vous aurions envoyé ici plus tôt ; nous ne vous aurions guère permis de rester aux Indes trois années sans visiter Calcutta, la cité des gens puissamment intelligents mais — sans cœur. Vous pouvez leur lire ceci.

K. H.

LETTRE XIII (20).

N'oubliez pas que les résultats favorables réservés à notre Inde... sont tous dus à ses efforts individuels (ceux d'H. P. B.). Il vous serait difficile de lui témoigner assez de respect ou de gratitude ou plus qu'elle ne mérite... Vous aurez à leur faire comprendre avec soin quelle prééminence devrait être — si elle ne l'est pas — la sienne parmi les Hindous qui, restés fidèles au Passé, indifférents au Présent, ne travaillent que pour l'Avenir; Avenir grand et glorieux, à la condition qu'elle soit soutenue et assistée par eux.

K. H.

LETTRE XIV (21).

Effets du cycle : M. Sinnett a été mis en demeure par ses propriétaires de quitter ses fonctions d'éditeur dans les six mois, pour *avoir soutenu les indigènes* et parce qu'il est théosophe. A moins qu'un capitaliste indigène ne vienne fonder une publication rivale, capable d'écraser le *Pioneer* et éditée par M. Sinnett, je désespérerai de l'Inde. Ce qui précède est *secret* et confié à votre honneur. Mais je vais écrire à Norendro N. S. (22). Nous en causerons ensemble. En attendant — pas un mot.

K. H.

LETTRE   XV (23).

Reportez-vous au *Pioneer* du 7 août et lisez attentivement l'article intitulé : « L'Inde Indo-Britannique ». Croyez-vous que l'*Éditeur* l'eût jamais écrit s'il n'avait eu pour l'inspirer que la fréquentation et les sentiments *amicaux* des Hindous — vos compatriotes et les miens ? Et croyez-vous qu'une série d'articles semblables paraissant dans un journal (jusqu'ici) aussi *conservateur,* écrits par un homme si hautain mais en même temps si noble et si juste, ne ferait aucun bien à personne ? Tel est le premier fruit politique de la Société dont vous avez l'honneur d'être membre. Au lieu de douter, rendez grâces au ciel, si dans votre poitrine bat un cœur patriote, qu'il reste à l'Inde quelques « Frères » pour veiller à ses intérêts et la protéger à l'heure du péril, car dans leur égoïsme sans cesse grandissant aucun de ses fils ne semble se rappeler jamais qu'il a une Mère dégradée, tombée, piétinée par tous, conquérants et vaincus — mais pourtant une MÈRE.

Prenez garde... Le doute est un cancer dangereux. On commence par douter d'un *paon* (*) ; on finit par douter de...

KOOT HOOMI.

(') Expression intraduisible en français.

LETTRES CONTENANT
DES CONSEILS PERSONNELS

LETTRE XVI (24).

Je viens à vous non seulement de mon
propre mouvement et parce que j'en éprou-
vais le désir, mais encore pour obéir au
Maha Chohan aux yeux duquel l'Avenir se
déploie comme un livre ouvert. A New-
York vous avez exigé de M. la preuve objective que sa visite n'était pas une maya ;
il vous l'a donnée (25). Sans que vous la
sollicitiez, je vous donne la preuve suivante : je disparaîtrai à vos yeux, mais ce
billet sera pour vous la suite de notre en-
tretien. Je me rends maintenant auprès du
jeune M. Brown pour mettre à l'épreuve
son intuition. Demain soir, lorsque le camp
sera tranquille et que les pires émanations
de votre auditoire se seront dissipées, je
reviendrai causer plus longuement avec
vous, car il faut que vous soyez mis sur

vos gardes concernant certaines éventualités futures. Ne craignez et ne doutez point comme vous avez craint et douté pendant le souper, hier soir. A peine le premier mois de l'année nouvelle de votre ère aura-t-il commencé que deux encore des « ennemis » (26) auront disparu. Soyez toujours vigilant, zélé, judicieux car, ne l'oubliez pas, l'utilité de la Société Théosophique dépend, dans une large mesure, de vos efforts. Quant à nos bénédictions elles suivent ses « Fondateurs » dans leurs tribulations comme tous ceux qui secondent leur travail.

K. H.

LETTRE XVII (27).

Attendez le signal. Préparez-vous à suivre le messager qui viendra vous prendre.

K. H.

LETTRE XVIII (28).

Si ce n'est de vous prier de dire... que j'ai reçu toutes ses lettres (y compris celle du 15 février) mais sans avoir eu même un seul instant à lui donner, je n'ai à vous confier pour Londres rien qui ressemble à une « commission ». C'est là, bien entendu, le rôle particulier de M. qui, sous les ordres de Maha Chohan, vous a laissé toute indépendance, sachant bien que vous justifierez la politique de la Société.

Si vous vous rappelez notre conversation de la seconde nuit à Lahore, vous remarquerez que tout s'est passé à Londres comme je l'avais prédit. Il a toujours existé là-bas des potentialités latentes, tant destructives que constructives, et il fallait, dans l'intérêt même de notre mouvement, que tout cela fût amené à la surface. Comme diraient vos charmants et nouveaux amis, habitués de Monte-Carlo et des *cercles* où l'on joue, les joueurs ont maintenant — *cartes sur table.*

Ceux que notre attitude vis-à-vis de la Loge de Londres a tant embarrassés et intrigués en comprendront mieux la nécessité, quand ils connaîtront mieux l'art, fort ignoré, d'amener à se manifester les capacités et dispositions particulières des nouveaux étudiants en occultisme. Quelles que soient les nouvelles d'Adyar, n'éprouvez ni surprise ni découragement. Il est possible — bien que dans les limites du Karma nous tâchions de l'empêcher — que vous ayez à subir de grands ennuis domestiques. Vous avez, pendant des années, hébergé sous votre toit un traître et un ennemi et le parti des missionnaires est plus que disposé à mettre à profit toute l'assistance à obtenir de cette personne. Un véritable complot a été formé. Elle est affolée par l'apparition de M. Lane Fox et par les pouvoirs que vous avez conférés au Comité de Contrôle. .

Nous avons produit quelques phénomènes à Adyar depuis que H. P. B. a quitté l'Inde, afin de protéger Upassika contre les conjurés.

Et maintenant agissez avec circonspection, conformément à nos instructions et comptez plus sur vos notes que sur votre mémoire.

K. H.

LETTRE XIX (29).

A *Henry Olcott.*

Au moment où vous approchez de Londres j'ai de nouveau un mot ou deux à vous dire. Votre faculté de recevoir des impressions est si variable que je ne puis, en ce moment critique, me reposer entièrement sur elle. Vous le savez, bien entendu, les choses ont été combinées de telle façon que votre voyage est devenu nécessaire et que l'inspiration de l'entreprendre vous est venue, comme aux conseillers celle de l'au-

toriser, *du dehors*. Soumettez vos sentiments à toute la contrainte voulue afin
d'agir avec à propos dans cet imbroglio
occidental. Surveillez vos premières impressions ; elles sont la cause des erreurs
que vous avez commises. Que ni vos prédi-
lections, ni vos sympathies, ni vos soupçons ou antipathies personnels n'affectent
votre action.

Il s'est élevé entre membres, à Londres
et à Paris, des malentendus qui mettent
en péril les intérêts du mouvement. On
vous dira que le principal auteur de la plupart sinon de toutes ces agitations est
H. P. B. Il n'en est rien, bien que sa présence en Angleterre n'y soit pas, naturellement, étrangère. La responsabilité princi-
pale incombe à d'autres dont l'inconscience
sereine de leurs propres défauts est très
marquée et très blâmable. L'un des effets
les plus précieux de la mission d'Upasika,
est de pousser les hommes à s'étudier eux-
mêmes et de détruire en eux la servilité
aveugle vis-à-vis des personnes. Observez,
par exemple, votre propre cas. Mais, mon

bon ami, votre révolte contre son « infailli- bilité » comme il vous est arrivé une fois de l'appeler — a été poussée trop loin. Vous avez été injuste à son égard et, je regrette de le dire, vous aurez et d'autres comme vous à en souffrir. A l'instant même, sur le pont, vos pensées sur son compte étaient sombres et coupables, aussi je trouve l'occasion favorable pour vous mettre sur vos gardes.

Tâchez, pour aplanir les malentendus *dont vous constaterez l'existence*, de vous montrer affable et persuasif et de faire appel au sentiment de la fidélité due à la Cause de la vérité sinon à vous-mêmes. Faites sentir à *tous* ces hommes que nous n'avons point de favoris et que nos affec- tions ne vont pas aux personnes mais seu- lement à leurs bonnes actions et à l'huma- nité en général. Nous employons, il est vrai, des agents — les meilleurs que nous pouvons trouver. De ce nombre, le principal depuis plus de trente ans a été la personnalité connue par le monde sous le nom de H. P. B. (mais par nous sous un nom différent). Sans doute elle se montre, pour certains, imparfaite et très désagréable ; pourtant il est peu probable qu'avant bien des années nous trouvions mieux et il faut le faire comprendre à vos théosophes. Depuis 1885, je n'ai écrit ou fait écrire par son intermédiaire ni une lettre, ni une ligne à personne, en Europe ou en Amérique, ni communiqué oralement avec ou par une tierce personne. Il faut le faire savoir aux théosophes. Plus tard vous comprendrez le sens de cette déclaration. Gardez-en donc le souvenir. Sa fidélité à notre œuvre étant constante et ses souffrances n'ayant pas d'autre cause, ni moi ni aucun de mes deux Frères Associés, ne l'abandonnerons pas ni ne le remplacerons. Comme je l'ai, une fois déjà, fait remarquer, *l'ingratitude* n'est pas un de nos vices. Avec vous-même nos relations sont directes ; elles l'ont été, sauf les rares exceptions que vous connaissez sur le plan psychique, et le resteront, les circonstances le voulant ainsi. Qu'elles soient si rares, c'est votre propre faute, comme je vous le disais dans ma dernière lettre. Pour vous aider dans vos perplexités présentes :

H. P. B. s'occupe peu ou point des détails administratifs qui doivent lui être épargnés, autant que sa nature puissante pourra subir cette contrainte. *Mais il faut dire ceci à tous : rien de ce qui touche les questions occultes ne lui est étranger.* Nous ne l'avons *pas* abandonnée. Nous ne l'avons *pas* laissée à la direction de chelas. Elle est *notre agent direct.* Prenez garde : ne laissez pas vos soupçons et votre ressentiment contre « toutes ses folies » altérer la fidélité intuitive que vous lui témoignez. En réglant cette affaire européenne vous aurez à considérer deux questions : d'une part, la question extérieure et administrative, de l'autre, la question intérieure et psychique. Gardez la haute main, vous et vos collègues les plus prudents, sur la première ; *laissez-lui la seconde.* A vous d'arrêter avec votre talent habituel les détails pratiques. Seulement, je vous le dis, ayez soin lorsque l'on vous fera juge de telle intervention critique faite par elle dans le domaine pratique, de distinguer entre ce qui est simplement exotérique dans son origine comme dans ses effets et ce qui, après avoir pris naissance dans le domaine pratique, tend à générer des conséquences sur le plan spirituel. Dans le premier cas vous êtes le meilleur juge ; dans le second c'est elle.

J'ai aussi noté vos pensées relativement à la « Doctrine Secrète ». Soyez assuré que ce qu'elle n'a pas *emprunté directement* à des ouvrages scientifiques ou d'autres c'est nous qui le lui avons donné ou *suggéré*. Chaque faute ou inexactitude, corrigée ou expliquée par elle dans les ouvrages d'autres théosophes *a été corrigée par moi ou sur mon ordre*. Cet ouvrage a plus de valeur que le précédent : c'est un abrégé de vérités occultes qui en feront pendant de longues années, pour l'étudiant sérieux, une source de renseignements et d'instruction.

P. S... subit de nouveau une profonde angoisse mentale à cause de mon silence prolongé. C'est qu'il ne possède pas, toute développée, une intuition nette (Comment le pourrait-il après la vie qu'il a menée ?). Il craint d'être abandonné alors qu'il n'a pas, un seul instant, été perdu de vue.

Jour après jour, ses actes sont enregistrés à l' « Ashram » (*); nuit après nuit, il reçoit les instructions en rapport avec ses capacités spirituelles. Il lui est arrivé de se tromper, tout récemment par exemple en aidant à expulser du quartier général une personne qui méritait un traitement plus charitable, dont la faute était due à l'ignorance et à la faiblesse psychique plus qu'au péché, enfin qui était la victime d'un homme puissant. Répétez-lui à votre retour la leçon que vous avez reçue de △ à Bombay (30) et dites à mon « fils », dévoué mais trompé par ses illusions, que protéger cette personne était très théosophique mais aussi peu théosophique et aussi égoïste que possible de la chasser.

Je désire que vous assuriez à d'autres, à T. T., R. A. M., N. N. S., N. D. C., I. N. C., U. U. B., T. V. C., P. V. S., N. B. C., C. S., C. W. L., D. N. G., D. H., S. N. C., etc., sans oublier, parmi le reste, les autres travailleurs zélés en Asie, que le courant kar-

______

(*) La maison du Maître, l'ermitage.

mique ne cesse de progresser et que nous devons, comme eux-mêmes, frayer la voie qui mène à la libération. Il a fallu dans le passé subir de pénibles épreuves ; dans l'avenir, d'autres épreuves vous attendent. Puissent la foi et le courage qui vous ont soutenu jusqu'ici vous accompagner jusqu'à la fin.

Vous ferez bien, pour le moment, de ne mentionner cette lettre à personne — pas même à H. P. B., à moins qu'elle ne vous en parle elle-même. Il sera toujours temps de le faire quand l'occasion s'en présentera. Cette lettre vous est simplement adressée afin de vous avertir et de vous guider ; pour d'autres elle n'est qu'un avertissement, car vous pouvez avoir besoin d'en faire un usage discret.

K. H.

Préparez-vous cependant à voir niée dans certains milieux l'authenticité de la présente.

LETTRE XX (31)

J'ai suivi toutes vos pensées. J'ai suivi leur silencieuse évolution et les élans de votre âme intérieure. Puisque votre serment me le permet, ayant quelques mots à vous dire sur vous-même et sur ceux qui vous sont chers, je saisis l'occasion, l'une des dernières qui s'offrent, pour vous écrire directement, et je vous adresse quelques lignes. Vous le savez sans doute : quand l'aura de H. P. B. répandue dans la maison sera épuisée, vous ne pourrez plus recevoir de mes lettres.

Je désire que vous soyez au courant de la situation présente. Votre fidélité à la cause vous en donne le droit.

D'abord votre amie***. Pauvre enfant ! En ne cessant de mettre sa personnalité au-dessus de son Moi intérieur et meilleur — à son insu du reste — elle a fait depuis huit jours tout son possible pour rompre à tout jamais le lien qui l'unit à nous. Et cependant telle est sa pureté et sa franchise que je suis prêt à garder une fente dans la porte qu'elle ferme violemment, et sans le savoir, devant elle-même, et à attendre l'éveil complet de cette nature honnête, quel que soit le moment où il aura lieu. Chez elle point d'artifice ni de malice ; elle est absolument véridique et sincère pourtant et quelquefois tout à fait inconséquente. Comme elle le dit, sa manière d'agir n'est pas la *nôtre* qu'elle ne peut d'ailleurs comprendre. Étant donnée l'influence puissante exercée par sa personnalité sur la manière dont elle envisage les convenances, elle ne peut certainement pas comprendre notre mode d'action sur notre propre plan. Dites-lui très amicalement que si H. P. B. (je prends cet exemple) a eu tort hier soir — et elle a toujours tort au point de vue occidental en cédant aux éternelles impulsions de sa nature, en apparence si dénuée de politesse et de tact — elle agissait après tout sur l'ordre direct de son Maître. Jamais H. P. B. ne s'arrête un instant pour peser les convenances, lorsqu'il s'agit pour elle d'exécuter un ordre semblable. Pour vous, portion civilisée et cultivée de l'humanité, c'est là un péché impardonnable. Pour nous, Asiatiques sans culture, c'est la plus haute vertu, car avant d'en prendre l'habitude elle en souffrait dans *sa propre* nature occidentale et sacrifiait à cette façon d'agir sa réputation personnelle. Mais si elle a eu tort, *** n'a pas eu raison. Celle-ci a permis à son orgueil de femme et à sa personnalité — qui en tout cas n'étaient pas en question dans la pensée d'H. P. B. — d'intervenir et de prendre la première place alors qu'il s'agissait seulement de règles et de discipline. *** et *** étaient plus à blâmer que les deux premières. Il faut vous rappeler que toutes deux ont dit adieu — dans un but spécial — au monde et à la société. Or, sans parler de la décence ou de l'indécence d'une coutume sociale quelconque, il existe des règles de conduite imposées aux chelas, règles dont ils ne peuvent en aucune façon s'affranchir. Je vous en prie, exercez votre influence si vous désirez lui être utile et décidez-la à publier son livre avant 1885. Dîtes-lui aussi, le lien qui la rattachait à moi ayant été tranché par elle, qu'en temps convenable l'Adepte collaborateur des récits de H. P. B. lui accordera son aide. Mais puisque les *novellettes* l'intéressent plus que la métaphysique, elle n'a pas pour l'instant besoin de l'assistance de *** dont la présence est certainement plus nécessaire à Londres.

Ayant entendu votre conversation avec H. P. B. le soir de son arrivée je puis dire que vous avez raison. A l'égard de votre mère âgée qui, à vos côtés et depuis votre enfance, a cherché par bien des sentiers pierreux la foi et l'expérience, un grand devoir vous incombe : non pas une obéissance aveugle et injuste qui pourrait avoir, pour elle comme pour vous, les conséquences les plus fâcheuses, mais une assiduité pleine d'égards et une tendresse attentive qui cherchent à développer son intuition spirituelle et la préparer pour l'avenir. Bien des croix, bien des chagrins domestiques ont laissé sur son cœur leurs cicatrices saignantes... Vous avez tous deux mérité de belles récom-

penses par la bonté que vous avez témoignée
à nos messagers ; le Karma ne les oubliera
pas. Mais *regardez vers l'avenir* ; faites en
sorte que l'accomplissement continuel du
devoir sous la direction d'une intuition bien
développée maintienne un équilibre convenable. Ah ! Si vos yeux s'ouvraient, ils pourraient découvrir, enfermée dans l'effort de
l'heure présente, une perspective de bénédictions potentielles pour vous-mêmes et
pour l'humanité qui enflammerait vos âmes
d'allégresse et de zèle ! Efforcez-vous d'atteindre la Lumière, vous tous braves guer-
riers de la Vérité, sans laisser l'égoïsme pénétrer vos rangs car c'est l'égoïsme, seul, qui
ouvre toutes grandes les portes et les fe-
nêtres du tabernacle intérieur mais ne les
referme pas.

A vous personnellement, enfant, qui vous
débattez au sein des ténèbres dans votre
marche vers la Lumière, je tiens à dire que
le Sentier n'est *jamais* fermé. Seulement la
difficulté de le découvrir et de le suivre est
en raison directe des erreurs anciennes. Aux
yeux des « Maîtres » personne n'est jamais

« absolument condamné ». Un joyau perdu peut être retrouvé jusque dans les profondeurs d'un étang vaseux ; de même le plus abandonné peut s'arracher à la fange du péché, mais à condition que le Joyau, précieux et par excellence, le germe resplendissant de l'Atma, soit développé. Chacun de nous doit accomplir *cela* pour lui-même ; chacun le *peut* s'il fait preuve de volonté et de persévérance. Les bonnes résolutions sont des images de bonnes *actions*, images peintes par le mental, rêveries, appels secrets du *Buddhi* au *Manas*. Si nous les encourageons elles ne s'évanouiront pas comme le mirage dans le désert de Shamo mais deviendront de plus en plus fortes jusqu'au jour où la vie entière devient l'expression et la preuve extérieure du mobile divin intérieur. Dans le passé, vos actes ont été le fruit naturel d'un idéal religieux peu digne de vos efforts, lui-même résultat de l'ignorance et de conceptions erronées ; ils ne peuvent être oblitérés, car ils sont imprimés d'une manière indélébile dans les annales karmiques ; ni larmes, ni repentir ne peuvent effacer la page, mais vous avez le pouvoir de les racheter, de les compenser et au delà par des actes futurs. Vous êtes entouré de connaissances, d'amis, de collègues — tant dans la S. T. qu'au dehors — qui ont commis des erreurs semblables et même des erreurs plus graves à cause de cette même ignorance. Faites-leur voir les résultats terribles qui en découlent ; montrez-leur la Lumière ; conduisez-les au Sentier ; instruisez-les ; soyez un missionnaire d'amour et de charité. Ainsi, en assistant autrui, vous gagnerez votre propre salut. Il reste dans votre vie d'innombrables pages à remplir ; elles sont encore pures et blanches. Enfant de votre race et de votre époque, saisissez la plume de diamant et inscrivez-y l'histoire de nobles actions, de jours bien employés, de saints efforts. C'est ainsi que vous vous élèverez sans cesse vers les plans supérieurs de la conscience spirituelle. Ne craignez point. Ne défaillez point. Restez fidèle à l'idéal que vous parvenez aujourd'hui à distinguer vaguement. Vous avez beaucoup à apprendre. Les préjugés mesquins de votre peuple vous lient plus que

vous ne l'imaginez ; ils vous rendent into-
lérant, comme hier soir, aux insigniflantes
atteintes portées par autrui à l'idée tout
artiflcielle que vous vous êtes faite du savoir-
vivre et vous font perdre de vue l'essentiel.
Vous n'êtes pas encore capable d'apprécier
la différence entre la pureté intérieure et la
« *cullure* extérieure ». Où seriez-vous si les
« Maîtres » devaient vous appliquer, à vous-
même, votre propre canon social ? La Société dont vous défendez avec tant d'ar-
deur les règles de savoir-vivre hypocrites
est elle-même une masse corrompue et bes-
tiale sous un vernis de convenances. Vous
en appelez à nous de leur intolérance igno-
rante et hostile parce que votre intuition
vous dit qu'ils ne vous feront pas justice.
Apprenez donc à étudier les hommes au-
dessous de la surface, sans les condamner
ni vous fler à eux sur de simples appa-
rences. Essayez, enfant. Espérez et accep-
tez ma bénédiction.

K. H.

LETTRE XXI (32)

C'est avec plaisir que j'accorde, du moins en partie, votre demande. Soyez le bienvenu sur le territoire de notre Prince Kashmiri. A vrai dire, mon pays natal (33) est assez rapproché pour me permettre de jouer le rôle d'un hôte. Vous êtes maintenent non seulement au seuil du Thibet mais encore au seuil de toute la sagesse qui s'y trouve. Jusqu'à quel point vous pénétrerez un jour l'un et l'autre dépend de vous-même. Puissiez-vous mériter les bénédictions de nos *Chohans*.

K. H.

LETTRE XXII (34)

Je vous ai fait dire par D. d'attendre avec patience l'accomplissement de votre désir.

Vous en aurez conclu qu'il ne peut, pour diverses raisons, recevoir satisfaction. Tout d'abord ce serait une grande injustice à l'égard de M. S, qui, après trois années de labeur dévoué pour la Société, a sollicité, mais en vain, une entrevue personnelle. De plus j'ai quitté Mysore depuis une semaine et vous ne pouvez vous rendre où je me trouve puisque je suis en route et qu'à la fin de mon voyage je passerai en Chine avant de rentrer chez moi. Lors de votre dernière tournée tant d'occasions vous ont déjà, pour diverses raisons, été accordées. Nous n'en faisons pas autant (ou aussi peu, si vous préférez) même pour nos Chelas, tant qu'ils n'ont pas atteint un point de développement où il n'est plus nécessaire d'user et d'abuser de la force pour communiquer avec eux. Si un Oriental et particulièrement un Hindou avait une seule fois entrevu la moitié de ce que vous avez pu voir, il se serait considéré comme béni *pour le reste de ses jours.*

Votre requête présente *repose principalement* sur la *plainte que vous ne pouvez écrire* assez à cœur ouvert, malgré votre parfaite conviction personnelle, *pour* ne laisser subsister aucun doute dans l'esprit de *vos compatriotes*. Pouvez-vous, je vous prie, proposer un critérium qui *soit* pour tous une preuve absolument parfaite ? Savez-vous ce qu'il adviendrait si vous étiez autorisé à me voir ici dans les conditions proposées par vous et si vous publiiez dans la presse anglaise une relation de cette entrevue ? Croyez-moi : les conséquences seraient pour *vous-même* désastreuses. Les effets pernicieux et les mauvais sentiments générés par cette rencontre retomberaient sur vous et ralentiraient considérablement vos *progrès* personnels et cela sans aucun avantage. Si *tout ce que vous avez vu* était imparfait *en soi-même* il faut l'attribuer à des causes antécédentes. Vous m'avez par deux fois vu et reconnu de loin ; vous savez que c'était moi et nul autre. Que voulez-vous de plus ? Si, après ma visite au colonel Olcott j'ai passé par votre chambre et vous ai dit, en autant de mots : « Vous me voyez maintenant devant vous dans la chair ; regardez et assurez-vous que c'est bien moi », sans que vous en *fussiez impressionné* ; et si la lettre placée dans votre main vous réveilla enfin mais sans vous décider à tourner la tête, votre nervosité vous ayant momentanément paralysé, la faute en est sûrement à vous et non pas à moi. Je n'avais pas le droit d'agir sur vous phénoménalement ou psychologiquement. *Vous n'êtes pas prêt* ; voilà tout. Si vos aspirations sont sérieuses, si vous avez en vous la moindre étincelle d'intuition, si votre éducation d'homme de loi est assez complète pour vous permettre de placer les faits dans leur séquence convenable et de montrer votre cause aussi bonne que vous la croyez être dans votre for intérieur, alors vous êtes à même d'en appeler à toute intelligence capable de discerner un fil continu sous la succession de vos faits. Vous devez écrire à l'intention de ces personnes-là, non de celles qui n'entendent sacrifier ni leurs préjugés ni leurs préventions à l'exposition de la vérité. Nous ne désirons pas convaincre ces dernières. Aucun fait, aucune explication ne peuvent rendre la vue à un aveugle. D'ailleurs notre existence deviendrait absolument intolérable, sinon impossible, si tous, sans distinction, étaient *convaincus*. Si ce que vous *savez* ne vous suffit pas, même pour le peu que vous avez à accomplir, aucune multiplicité de preuves ne vous permettra jamais de le faire. Vous pouvez dire véridiquement et en homme d'honneur : « J'ai vu et reconnu mon Maître ; il s'est approché de moi et m'a même touché. » Que voulez-vous de plus ? Rien de plus n'est possible pour le moment. Jeune ami ! Étudiez, préparez-vous et surtout *dominez votre nervosité*. L'homme qui devient l'esclave d'une faiblesse physique ne parvient jamais à maîtriser même les puissances naturelles inférieures. Soyez patient ; contentez-vous de peu et *ne demandez jamais davantage* si vous espérez l'obtenir jamais. Mon influence sera sur vous et elle devrait vous rendre calme et résolu.

K. H.

LETTRE XXIII (35)

Persévérez et — que vous soyez ou non « dans le bon chemin » — si vous êtes sincère vous réussirez car je vous aiderai. Votre pays a besoin d'assistance et vous êtes doué de cette *puissance* mentale qui, élément de la grandeur, devrait en vous se manifester par la résolution énergique avec laquelle vous poursuivrez votre marche en avant jusqu'au bout, à travers tous les obstacles, et en surmontant toutes les résistances. *Essayez* et vous réussirez.

K. H.

LETTRE XXIV (36)

Ainsi vous vous imaginiez vraiment, en obtenant la permission de vous appeler mon

chela, ou que les sombres annales de vos
fautes anciennes étaient dérobées à mon observation, ou que, les *connaissant*, je les
pardonnais ? Supposiez-vous que je fermais
les yeux ? Sottise !... Triple sottise ! Pour
vous aider à échapper à votre Moi le plus
vil, pour éveiller en vous des aspirations
plus dignes, pour permettre à votre « âme »
offensée de se faire entendre, pour vous ex-
citer à réparer *dans une certaine mesure...*
voilà *uniquement* pourquoi, sur votre demande, il vous fut permis de devenir mon
chela. Nous sommes les agents de la Justice et non les licteurs impassibles d'un dieu
cruel. Vous avez agi bassement ; vous avez
indignement mésusé de vos talents... ; vous
avez été sourd aux appels de la vertu et de
l'équité ; et cependant il subsiste en vous
les qualités d'un homme bon — (en *som-
meil*, il est vrai, jusqu'ici) — et d'un chela
utile. La durée de vos relations avec nous
dépend de vous seul. Vous pouvez vous arracher à la fange ou glisser de nouveau dans
les abîmes de vice et de misère que votre
imagination se refuse aujourd'hui à conce-

voir... Souvenez-vous... que vous êtes en présence de votre Atma ; il est votre juge ; point de sourires, de mensonges ou de sophismes qui le puissent tromper. Jusqu'ici vous n'aviez de moi que des bouts de papier *et vous ne me connaissiez pas.* Maintenant vous me connaissez mieux car c'est moi qui vous accuse en présence de votre conscience éveillée. Inutile de *Lui* faire, ni à moi, des promesses sans lendemain ou des demi-confessions. Vous auriez beau... verser des océans de larmes et vous rouler dans la poussière, les balances de la justice ne s'en déplaceraient pas pour cela de l'épaisseur d'un cheveu. Si vous voulez regagner le terrain perdu faites deux choses : réparez vos torts de la manière la plus sincère, la plus ample, la plus complète... et consacrez vos énergies au bien de l'humanité. Efforcez-vous de remplir la mesure de chaque journée avec des pensées pures, de sages paroles, des actes charitables. Je ne vous donnerai pas d'ordres ; je ne vous suggestionnerai pas ; je ne vous dominerai pas. Mais, demeurant invisible et peut-être quand vous en serez arrivé, comme tant d'autres, à ne plus croire à mon existence, je veillerai sur votre carrière et dans vos heures de lutte je vous accorderai ma sympathie. Si vous parvenez vainqueur à la fin de votre probation nul ne sera plus que moi disposé à vous accueillir. Et maintenant deux chemins s'ouvrent devant vous. Choisissez ! Quand votre choix sera fait vous pourrez consulter votre supérieur officiel visible H. S Olcott et, par l'intermédiaire de son Gourou je lui dirai de vous guider et de seconder vos progrès...

Vous aspirez à devenir un missionnaire de la Théosophie; soyez-le si vous parvenez à l'être effectivement. Mais, plutôt que d'aller prêchant avec un cœur et un genre de vie qui donnent le démenti à votre profession, *conjurez la foudre de vous frapper à mort*, car chaque mot deviendra pour vous dans l'avenir un accusateur. Allez conférer avec le Col. Olcott, confessez vos fautes à *cet homme excellent* et recherchez ses conseils.

K. H

LETTRE XXV (37)

A *H. R.*

De quelqu'un qui toujours veillera sur lui et le protégera, s'il suit le chemin du devoir envers son pays et de la justice envers ses Frères.

K. H.

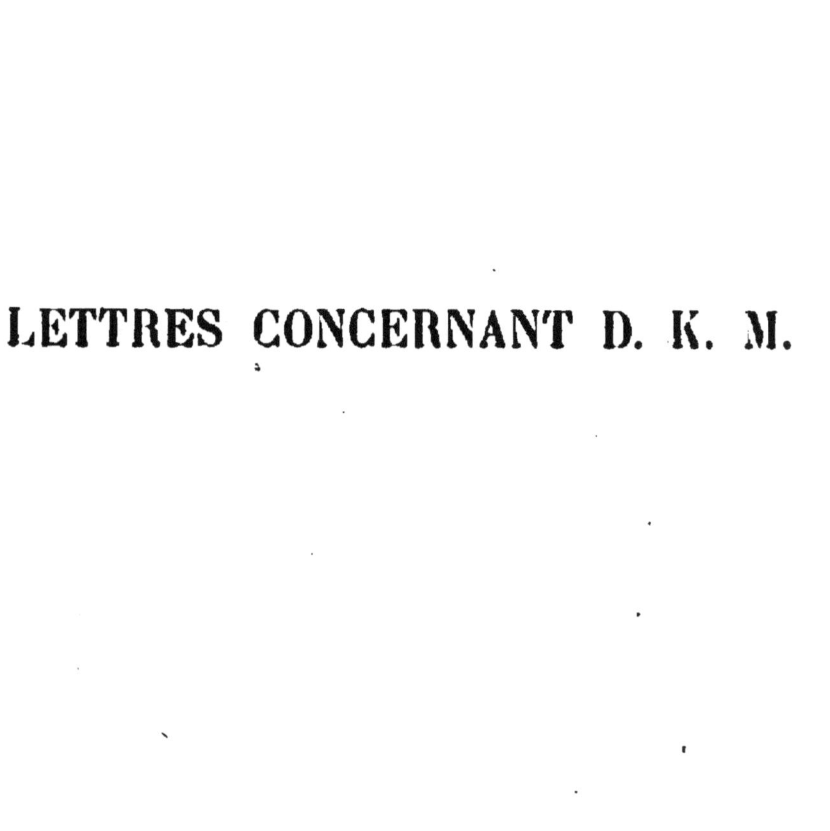

LETTRES CONCERNANT D. K. M.

LETTRE XXVI (38)

Damodar,

Je désire que vous fassiez suivre ceci de la déclaration de Subram. Vous pouvez supprimer autre chose dans le *Supplément.*

K. H.

LETTRE XXVII (39)

Ne soyez pas si découragé, mon pauvre garçon ; ce n'est pas nécessaire. Comme le dit bien M. Sinnett dans son *Bouddhisme Ésotérique,* au progrès spirituel supérieur doit correspondre parallèlement le développement intellectuel. Pour cela vous vous trouvez maintenant placé là où vous travaillerez dans les meilleures conditions. En raison de votre dévouement et de votre labeur désintéressé vous *êtes* aidé, bien que silencieusement. Le moment n'est pas encore arrivé pour vous; quand il le sera vous en serez prévenu. Jusque-là mettez à profit le mieux possible l'occasion favorable présente d'accomplir des progrès intellectuels tout en développant vos facultés intuitives. Souvenez-vous qu'aucun effort n'est jamais perdu et que pour un occultiste il n'y a ni passé, ni présent, ni futur mais seulement un éternel Maintenant. Bénédictions.

K. H.

LETTRE XXVIII (40)

D. a sans doute, comme d'autres, bien des travers et des faiblesses. Mais il s'est voué

avec désintéressement à nous et à la cause
et s'est rendu extrêmement utile à Upasika.
Sa présence et son assistance sont tout à
fait indispensables au quartier général. Son
être intérieur n'a point le désir d'être le
maître indiscuté bien que les actes exté-
rieurs en donnent l'impression, à cause du
zèle excessif qu'il apporte sans discernement
à toute chose, petite ou grande. Il faut pourtant se rappeler que, si nos « instruments »
sont insuffisants pour obtenir pleinement le
résultat cherché, ce sont les meilleurs à
notre portée puisqu'ils sont à notre époque
les fruits de l'évolution. Pour nous, rien ne
serait plus désirable que d'avoir comme in-
termédiaires de meilleurs « mediums » et il
appartient aux amis de la *Cause* Théosophique de déterminer jusqu'à quel point
ils travailleront avec désintéressement à la
seconder dans ses activités supérieures et
ainsi à hâter l'avènement du grand jour.
Bénédictions à tous les fidèles travailleurs
du quartier général.

K. H.

LETTRE XXIX (41)

Le pauvre garçon a dû *tomber*. Avant de pouvoir se tenir en présence des « Maîtres » il a été soumis aux épreuves les plus sévères que jamais néophyte ait subies, en réparation de tous les actes douteux auxquels il a participé, poussé par un zèle excessif, attirant ainsi le déshonneur sur la Science sacrée et sur ses Adeptes. La souffrance mentale et physique a été trop grande pour son faible corps dont la prostration est profonde, mais avec le temps il se remettra. Que ceci soit pour vous tous un avertissement. Votre foi a été « plus vive que sage ». Pour ouvrir les portes du mystère il faut non seulement pratiquer dans votre vie une probité absolue mais encore apprendre à distinguer le vrai du faux. Vous avez beaucoup parlé du Karma, seulement vous n'avez guère saisi le véritable sens de cette doctrine. Le temps est venu pour vous d'établir les fondations de cette conduite stricte qui incombe aux individus comme à la collectivité et qui, toujours en éveil, est une sauvegarde contre l'illusion consciente ou inconsciente.

K. H.

QUESTIONS GÉNÉRALES

LETTRE XXX (42)

Mon cher Frère,

Je dois m'excuser d'avoir tardé à répondre à plusieurs de vos lettres. J'étais fort occupé de questions complètement étrangères à l'occultisme et qu'il fallait résoudre de la manière habituelle, prosaïque et terre à terre.

D'ailleurs vos lettres n'appellent pas grande réponse. Dans la première vous m'annoncez votre intention d'étudier la philosophie Advaita avec un «bon vieux Svâmi » ! ! ! L'homme sans doute est excellent mais si, comme votre lettre me le donne à penser, il vous a enseigné ce que vous me dites, c'est-à-dire autre chose qu'un Principe *sans* pensée et *sans* intelligence appelé Parabrahm, alors il ne vous inculque pas *le véritable esprit* de cette philosophie ; pas, en tout cas, considérée sous son esprit ésotérique. Mais ceci ne me concerne pas. Vous êtes naturellement libre d'essayer d'apprendre *quelque chose* puisque, paraît-il, nous ne pouvions *rien* vous enseigner ; seulement, comme deux professeurs appartenant à deux écoles différentes — tels les deux cuisiniers du proverbe en ce qui concerne la sauce — ne peuvent réussir qu'à rendre la confusion plus complète, je crois devoir renoncer entièrement à la compétition, en tout cas jusqu'au jour où vous vous jugerez plus à même de comprendre et d'apprécier nos leçons, comme vous le dites aimablement.

Certaines personnes nous considèrent et nous décrivent comme étant simplement des « tântrikas » raffinés ou « cultivés ». Eh bien ! l'adjectif employé devrait éveiller notre gratitude car nos prétendus biographes auraient pu tout aussi facilement nous appeler des tântrikas *sans raffinement.* De plus, le ton dégagé dont vous portez à notre connaissance la comparaison exprimée me donne à penser que vous savez peu de chose, sinon rien, des professeurs de cette secte. Autrement vous n'auriez guère, en homme bien élevé, donné place dans vos lettres à une comparaison semblable. Un seul mot suffira. Les « tântrikas » — du moins la secte moderne pendant plus de 400 ans — pratiquaient des rites et des cérémonies dont la digne description ne sera jamais entreprise par la plume d'aucun membre de notre Confrérie.

Aux yeux des Européens « un bon certificat » semble être aussi indispensable aux adeptes et aux ascètes qu'aux servantes. Nous regrettons de ne pouvoir, pour l'instant, satisfaire la curiosité que manifestent nos amis à l'égard de notre valeur réelle.

Je ne puis passer sous silence l'allégation que, si vous n'avez pas fait de progrès c'est parce que vous n'avez pas été autorisé à venir vers nous et à recevoir des leçons personnelles. M. Sinnett n'a pas été plus que vous l'objet d'aucun privilège semblable. Pourtant il paraît comprendre parfaitement tout ce qui lui est appris. Même les quelques points encore vagues se rattachant à des sujets extrêmement abstrus, lui seront très vite élucidés. De plus « aucun mot désagréable » n'a jamais été échangé entre nous — pas même avec M. qui souvent exprime son opinion avec une très grande vivacité (43) et, puisque vous revenez à la question de notre identité supposée avec les « O. G »... (elle s'est posée jadis) je vais, avec votre permission, dire quelques mots à ce sujet. Aujourd'hui même vous avouez que vous n'êtes *pas* certain, que vous ne pouvez dire si je suis D. ou bien un « Esprit du plan supérieur Oriental » (ce qui en vérité est un honneur pour moi après avoir été soupçonné d'être un tântrika). *Ergo*, pensez-*vous*, je « ne saurais sincèrement être surpris » de vos doutes. Non, rien ne me surprend car je savais tout cela depuis fort longtemps. *Un jour* vous obtiendrez la démonstration objective de ces choses et de bien d'autres, car la preuve *subjective* n'est pas une preuve du tout. Plus d'une fois vous m'avez soupçonné d'avoir pris dans les têtes d'Olcott et de l'O. L. (44) ce que je sais et ce que je pense de vous, d'autres personnes encore et de ce qui se passe dans le monde extérieur. Veuillez bien réfléchir à la loi suivante quand vous donnez à entendre que j'emprunte mon jugement sur vous « à la tête de la Vieille Dame, à celle d'Olcott ou à celle de n'importe qui ». Un dicton familier veut que l'union d'un couple assorti « devient si parfaite » que les traits finissent par se ressembler autant que les pensées. Mais savez-vous qu'entre adepte et chela — Maître et Élève — il se forme graduellement un lien plus étroit ? L'échange psychique est scientifiquement réglé ; tandis que entre mari et femme la nature est laissée à elle-même. L'eau d'un réservoir plein s'écoule dans le réservoir avec lequel il communique et le niveau commun est obtenu plus ou moins tôt, suivant le diamètre de la conduite. De même les connaissances de l'adepte passent au chela et celui-ci atteint le niveau de l'adepte en raison directe de sa réceptivité. En même temps le chela étant un individu, une évolution séparée, transmet inconsciemment au Maître la qualité de sa mentalité accumulée. Le Maître absorbe *ses* connaissances et, s'il s'agit d'une langue qu'il ignore, le Maître recevra les accumulations linguistiques du chela telles quelles — idiotismes et tout le reste — à moins qu'il ne prenne la peine de cribler et de revoir les expressions employées. M.˙. nous en donne la preuve : ignorant l'anglais (45), il est obligé d'employer la langue natale d'Olcott ou de l'O. L. Ainsi, comme vous voyez, il m'est très possible de recueillir sur votre compte les idées de H. P. B. ou de tout autre chela sans avoir l'intention d'être injuste envers vous. Chaque fois, en effet, que nous rencontrons des idées semblables — je ne parle pas des insignifiantes — nous nous gardons de décider et de prononcer un jugement sur le seul témoignage de cette lumière empruntée, mais toujours nous vérifions d'une manière indépendante et pour nous-mêmes, si les idées reflétées en nous sont justes ou non.

Et maintenant quelques mots sur votre lettre du 5 du mois dernier. Malgré les grands services, au point de vue de la valeur littéraire, que nous a rendus M.***, le Président de la ...n'a pourtant rien fait pour sa Branche. Vous en avez à tous égards perdu le souvenir, mon cher frère, dès le commencement. Toute votre énergie s'est appliquée à comprendre notre philosophie, à connaître et à pénétrer nos doctrines secrètes. Vous avez assez bien travaillé dans cette direction et je vous en remercie cordialement. Cependant vous n'avez ni essayé d'organiser votre Branche sur une base solide, ni même tenu des séances régulières. Sous prétexte que vous n'étiez pas autorisé à *tout* connaître vous n'avez *rien* donné à vos collègues. Et, puisque vous dites aimer la sincérité, je dirai plus. Beaucoup de membres de la Branche... se sont plaints de ce que, sur les deux seuls Anglais, hommes d'une éducation et d'un savoir réels, prenant une part active au travail de la Société, le Président de la ... tout en négligeant de répondre à maintes lettres reçues de membres loyaux et fidèles à la cause et s'occupant peu ou point de sa propre Branche, était — on le savait — en correspondance amicale avec un homme connu de tous et au loin pour être le plus grand ennemi des Fondateurs qu'il diffamait et calomniait, enfin ouvertement hostile à la Société. Je parle — vous l'avez déjà compris — de ***, un homme, qui a plus fait pour nuire à la Société que tous les papiers... réunis. Dans une de vos dernières lettres vous me faites l'honneur de me dire que vous me croyez fermement un « gentleman » incapable d'un acte déshonorant. L'année dernière, pendant une réunion du Conseil tenue dans votre salle de billard et en présence de plusieurs Théosophes, quand par l'intermédiaire de H. P. B. je vous ai conseillé de proposer à *** de démissionner puisqu'il tenait les Fondateurs en si piètre estime, vous avez été fort indigné par cette suggestion, déclarant publiquement que je n'étais « *pas un gentleman* ». Cette petite contradiction et ce *changement* d'opinion ne doivent pas m'empêcher de vous répéter que si *** avait été sur-le-champ mis en demeure de se retirer conformément aux règles 16 et 17, la cause n'aurait pas souffert. Lui-même ne

se serait pas montré sous le jour méprisable
(a) d'un *traître* manquant comme Théosophe
à sa parole d'honneur, (b) d'un homme peu
véridique émettant de propos délibéré des
assertions fausses, et (c), après avoir finalement quitté la Société, d'un insulteur de
personnes innocentes. Le mal qu'il a commis
et les contre-vérités qu'il a dites sont détail-
lés dans la lettre... à mon adresse. Je vous
envoie cette lettre. Le seul fait qu'il accuse
H. P. B. (elle ne l'a jamais vu qu'une seule
fois et bien après son affiliation), de lui avoir
avoué que la Société avait un but *politique*
et de l'avoir prié d'établir pour elle un pro-
gramme politique, montre l'homme sous
les traits d'un menteur. S'il possède une
lettre de H. P. B. à l'appui de ces assertions
pourquoi ne la montre-t-il pas ? Vous pouvez, si vous voulez, me regarder une fois
encore comme n'étant *pas* un gentleman ;
mais, en lisant la lettre à vous adressée dans
laquelle il parle de la désintégration de la...
Société et fait d'autres assertions fausses,
je m'étonnais au fond de mon cœur qu'un
homme doué de votre talent et de votre dis-

cernement ayant entrepris de sonder ce que nul n'a jamais pu sonder *sans être initié*, pût se laisser circonvenir à ce point par un petit personnage ambitieux et vaniteux qui, après avoir fait résonner dans votre cœur une corde bien choisie, n'a cessé depuis lors de la faire vibrer. Oui, il fut un temps où c'était un homme honnête et sincère ; il possède certaines qualités méritant l'épithète de comprensatrices, néanmoins il a montré que pour atteindre son but et marquer un avantage sur les personnes qu'il hait, s'il est possible, plus que les Fondateurs, il pouvait aussi mentir et recourir à des actes déshonorants. Mais ne parlons plus de lui ; son nom a été prononcé simplement à propos de votre démission de Président... Car lorsque le Chohan et M., après avoir plusieurs fois attiré mon attention sur ce fait que la cause avait beaucoup à souffrir des attaques de *** (il se vantait en outre d'avoir l'appui du... de la... en personne, qui *l'avait obligé à quitter* cette Société de farceurs et de mystifications,) me dirent qu'il commençait à être temps d'agir pour mettre fin à cette situation, je dus avouer qu'ils étaient dans le vrai et que j'avais tort. C'est moi certainement qui ai suggéré à *** l'opportunité d'un changement semblable et je suis content que l'idée vous ait plu. Vous préférez, me dites-vous, être « simplement un théosophe zélé bien qu'indépendant, un simple membre de la Société dont les objets, malgré l'imperfection du système adopté, vous sont profondément sympathiques ». Quant à M. Sinnett qui possédait de notre identité pas plus et peut-être moins de certitude objective que vous, M. Sinnett est néanmoins parfaitement disposé à travailler avec nous sans jamais se sentir moins fidèle ou incapable de défendre « le système et la politique de notre ordre ». Ainsi chacun a le sentiment d'être à sa place. Bien entendu, aucun homme honnête ne pourrait continuer à être notre associé dès qu'il éprouverait « la conviction que notre système est « complètement faux », — surtout un homme persuadé comme vous que certaines théories jugées par vous inacceptables ayant été présentées par nous, il faut laisser de côté même la philosophie reconnue vraie. Si j'avais le moindre désir de discuter je pourrais peut-être vous faire remarquer que cette dernière manière d'agir constitue la méthode la plus facile d'étouffer toutes les sciences aussi bien que tous les systèmes religieux, car il n'en est point dans lequel n'abondent les faits erronés et sans preuves, voire les théories *les plus extravagantes*. Mais je préfère quitter le sujet. En terminant — je puis l'avouer avec franchise — je me réjouis de constater votre conviction que : « je (vous-même) serai sans doute, comme membre indépendant de la Société, plus utile et plus à même de faire du bien » — que vous ne l'avez été jusqu'ici. » Je m'en réjouis, mais *je ne puis ignorer* que plus d'un changement s'opérera en vous avant que vos idées ne deviennent définitives. Pardonnez-moi, cher Frère. Je ne voudrais pas vous affliger mais c'est là mon opinion — et je m'y tiens.

Vous me demandez d'amener l' « O. L » à ne pas vous proposer comme membre du conseil. Je ne crois pas qu'il y ait le moindre danger qu'elle le fasse. En fait, je sais qu'elle serait la dernière personne au monde à vous proposer maintenant. A tort ou à raison elle se croit offensée par vous au plus profond de son cœur et je dois avouer que, sans doute involontairement, vous *l'avez bless e* très vivement à plusieurs reprises.

Pourtant laissez-moi signer : votre obéissant serviteur. Toutes les fois que vous aurez besoin de moi et quand vos études avec le « Svâmi » auront pris fin, je serai de nouveau à votre service.

A vous fidèlement.

K. H.

LETTRE XXXI (46)

QUESTION. — *Les habitants du Gougeral sont des gens simples ; naturellement religieux, ils sont prisonniers de religions sectaires.*

Ceci n'est pas spécial au Gougerat ; il en est ainsi presque partout.   K. H.

QUESTION. — *Puis-je les amener de la religion exotérique à la religion ésotérique ?*

Ce n'est l'œuvre ni d'un jour ni de quelques années. L'Inde est en décadence depuis des milliers d'années. Sa régénération exigera une durée semblable. Le devoir du philanthrope est de travailler avec le flux et d'assister le mouvement en avant.   K. H.

QUESTION. — *Je désire fonder un club... pour discuter... le « Sanata Dharma ». Puis-je réussir ?*

Aucun effort n'est jamais perdu. Toute cause détermine forcément ses effets. Le résultat peut varier suivant les circonstances qui font partie de la cause. Il est toujours plus sage d'agir et de batailler contre le courant des événements que d'attendre une époque favorable, habitude qui a démoralisé les Hindous et amené la dégénérescence du pays.   K. H.

Question. — *Si les gens pouvaient être témoins de phénomènes, ils prêteraient l'oreille. Devrai-je m'assurer l'aide d'un chela de haut.. grade... Quand la nécessité en sera absolue ?*

Les personnes qu'influencent les phénomènes sont en général celles qui, se trouvant sous l'empire de Mâya, n'ont par là même ni la ·capacité, ni la compétence nécessaires pour étudier ou comprendre la philosophie. Dans des cas semblables une exhibition de phénomènes n'est pas seulement un gaspillage de force, elle est encore positivement malfaisante : chez les uns elle encourage la superstition, chez les autres elle développe le germe latent de l'hostilité à l'égard des philanthropes qui voudraient recourir à ces manifestations phénoménales. Les deux extrêmes nuisent au véritable progrès humain, c'est-à-dire au bonheur. Sur le moment les merveilles attirent la foule mais ne font point faire un pas vers la régénération de l'humanité. Comme Subba Row (47) vous l'a expliqué, le philanthrope doit avoir pour but le développement spirituel de ses semblables. Tout homme altruiste dont c'est là l'objectif se met nécessairement en communication magnétique avec nos Chelas et avec nous-mêmes. Subba Row est pour nous le meilleur des conseillers mais ce n'est pas un très bon correspondant. Tout enseignement venant de lui doit être donné verbalement.

K. H.

LETTRE XXXII (48)

Les sphères d'influence peuvent se rencontrer partout. Le principal objet de la S. T. est la philanthropie. Le vrai Théosophe est un philanthrope : « il vit non pas pour lui-même mais pour le monde ! » Ce principe joint à la philosophie et à une compréhension exacte de la vie et de ses mystères fournissent la « base nécessaire » et montrent le bon chemin. Pourtant la meilleure « sphère d'influence » demandée par le postulant se trouve encore aujourd'hui dans (son propre pays).

K. H.

LETTRE XXXIII (49)

J'entendais parler de la « philanthropie » dans le sens le plus large et attirer ainsi votre attention sur la nécessité absolue de la « doctrine du cœur » par opposition à celle qui est simplement « de l'œil ». Précédemment j'ai écrit que notre Société n'était pas une simple école intellectuelle s'appliquant à l'occultisme et, comme l'ont déclaré (50) ceux qui sont plus grands que nous, si la tâche de travailler pour autrui semble trop pénible, mieux vaut ne pas l'entreprendre. Les souffrances morales et spirituelles de l'humanité importent plus, elles ont un plus grand besoin d'aide et de guérison que la science n'a besoin de notre

assistance dans aucun genre de découverte.
« Que celui qui a des oreilles pour ouïr entende. »

K. H.

LETTRES MARGINALES

LETTRE XXXIV (51)

77, ELGIN CRESCENT
NOTTING HILL.
8 sept. 1882.

CHÈRE MADAME,

Je vous adresse mon abonnement au *Theosophist* pour l'année prochaine. Il m'est à peine nécessaire de vous dire combien j'estime votre publication dans laquelle je trouve sans cesse à apprendre.

Comme membres (moi et ma mère) de la B. T. S. (52) je saisis cette occasion pour vous dire que les opinions religieuses des individus ne devraient pas les amener à se séparer de la Société-Mère, car il me paraît impossible qu'en agissant ainsi nous ne fassions un pas en arrière et perdions toute chance d'obtenir des instructions nouvelles.

Bien entendu nous avons lu la lettre du colonel Olcott adressée aux membres de la B. T. S. et partageons l'opinion qu'elle exprime.

Veuillez accepter,

chère Madame,

nos vœux sincères de succès dans vos labeurs ardus.

A vous sincèrement.

FRANCESCA ARUNDALE.

UNE BONNE ET *ZÉLÉE* THÉOSOPHE, UNE MYSTIQUE DONT LA COOPÉRATION DEVRAIT, PAR VOS SOINS, ÊTRE ASSURÉE.

K. H.

LETTRE XXXV (53) .

Vous feriez bien de venir. *Mes remerciements* à votre père. Il à fait ce qu'il pouvait
et — ne pouvait rien de plus. .

K. H.

LETTRE XXXVI (54)

Les jours de cécité reviendront pour lui
et une fois encore il détournera ses regards
du visage radieux de la vérité.

M.

LETTRE XXXVII (55)

Prenez courage. Je suis content de vous. Soyez réservé. Ayez foi en vos meilleures intuitions. Le petit homme *a échoué ;* il recueillera sa récompense. En attendant, silence.

K. H.

LA LETTRE FRANÇAISE
DE 1870

LETTRE XXXVIII (56)

A l'honorable
Très honorable Dame
Nadyéjda Andréewna Fadeew.
Odessa.

Les nobles parents de Mad. H. Blavatsky n'ont aucune cause de se désoler. Leur fille et nièce n'a point quitté ce monde. Elle vit et désire faire savoir à ceux qu'elle aime qu'elle se porte bien et se sent fort heureuse dans la retraite lointaine et inconnue qu'elle s'est choisie. Elle a été bien malade mais ne l'est plus : car grâce à la protection du Seigneur Sangyas* elle a trouvé des amis dévoués qui en prennent soin physiquement et spirituellement. Que les dames de sa maison se tranquillisent donc. Avant que 18 lunes nouvelles se lèvent — elle sera revenue dans sa famille.

(*) Bouddha.

CONCERNANT L'USAGE
DES LETTRES
PAR LES AUTEURS THÉOSOPHES

LETTRE XXXIX (57)

Je vous autorise, si bon vous semble ou si vous le jugez nécessaire, à employer dans « Man »· (58) ou dans tout ouvrage auquel vous pourriez collaborer, tout ce que j'ai dit concernant nos doctrines secrètes dans l'une quelconque de mes lettres à MM. Hume et Sinnett. Ils n'ont jamais laissé copier par personne les passages confidentiels et ceux qui ont été copiés sont, par cela même, devenus propriété théosophique. En outre des copies de mes lettres — tout au moins de celles contenant mes *enseignements* — ont toujours, par mon ordre, été envoyées à Damodar et à Upasika. Quelques passages ont même été insérés dans le *Theosophist*. Vous êtes libre de les copier, même *mot pour mot* et sans guillemets. Je n'y verrai point de « plagiat... » A proprement parler,

si vous désirez le savoir, c'est seulement
l'expression des idées *originales* d'autrui,
telle sentence détachée ou pensée se prêtant
à recevoir la forme d'une sage devise ou
maxime, qui pourrait constituer le *plagiat*
ou pillage de la « propriété » cérébrale d'autrui. Il n'est pas de livre qui ne soit l'ombre
d'un autre livre, l'image concrète, très souvent, de son *corps astral* dans quelque autre
ouvrage traitant d'un sujet identique ou
connexe. Je partage entièrement l'avis du
docteur Cromwell lorsqu'il dit que « le vrai
talent devient original par le fait même qu'il
se combine avec les idées d'autrui ». Bien
plus : souvent il *transforme les scories* des
premiers auteurs en or pur qui, dès lors, brille
dans le monde comme sa création propre et
particulière. « A une série de romans ita-
liens extravagants et médiocres Shakes-
peare emprunta l'affabulation, les caractères et la plupart des incidents des œuvres
dramatiques qui ont porté si haut son nom,
comme auteur *original,* plus haut que tout
autre dans les annales littéraires. »

Il est donc loisible non seulement à vous,

mon chela, mais encore à toute autre personne d'emprunter tout ce qui lui plaît, des
pages entières si elle le juge utile, à l'une
quelconque de mes lettres « copiées » et
d'en transmuer les « scories » en or pur
pourvu qu'elle ait bien saisi ma pensée.
Montrez ceci à ***, à qui la même assurance
a déjà été donnée.

K. H.

L'AVENIR DE LA S. T.

LETTRE XL (59)

Il vous reste à apprendre que tant qu'il y aura dans la S. T. trois hommes dignes de la bénédiction de notre Seigneur (60), jamais elle ne pourra être détruite.

M.

NOTES

---

1. — Lettre I, p. 11.

Lettre unique du Maha-Chohan, ce grand Adepte « dont le regard pénétrant lit l'avenir, comme une page déployée ». (Voyez Lettre XVI). Écrite en 1881. Transcription d'une copie appartenant à C. W. Leadbeater. Des passages de cette lettre ont été cités par H. P. B. dans *Lucifer*, vol. II, août 1888, pp. 432-433.

2. — Lettre II, p. 22.

Reçue à Adyar, le 26 décembre 1883 et ouverte en présence de (entre autres) le docteur (Sir) S. Subramania Iyer, comme le rapporte le *Theosophist*, vol. V, *Supplément*, n° 2 de février 1884, p. 31. Transcription d'une copie appartenant au Pandit Pran Nath de Gwalior.

3. — Lettre III, p. 24.

Reçue à Londres en 1884. Transcription directe de l'original conservé à Adyar.

4. — Lettre III, p. 30.
La Société-Mère.

5. — Lettre IV, p. 31.
Reçue en 1884 à Elberfeld, Allemagne.
Adressée à Miss Francesca Arundale, tré-
sorière de la Loge de Londres. Transcription
d'une copie faite par C. W. Leadbeater. Pu-
bliée dans le *Theosophist* d'octobre 1917 dans
l'article intitulé : « Quelques souvenirs d'un
Théosophe vétéran », par Francesca Arundale.

6. — Lettre IV, p. 34.
Il s'agit de la Branche de la S. T. récemment constituée à Elberfeld.

7. — Lettre V, p. 38.
Un des documents les plus saisissants con-
servés à Adyar. Il s'agit d'une formule d'En-
gagement à prendre vis-à-vis des Maîtres,
formule rédigée par Miss Arundale et signée
par tous les membres du « Groupe Intérieur »
de la Loge de Londres. Cependant les Maîtres M. et K. H. ont l'un et l'autre ajouté
quelques lignes à ce document. Ce qui est
écrit par Miss Arundale est imprimé en mi-
nuscules ; ce qui est écrit par les Maîtres
est en grandes capitales. On remarquera
que, dans le deuxième paragraphe le Maître
K. H. a ajouté une phrase entre parenthèses ;

de même après l'addition due à H. P. B. A la fin de la Formule écrite par Miss Arundale et avant les signatures des membres du Groupe se trouvent dans le document quatre lignes en blanc où fut écrit le message des deux Maîtres. Les mots « les soussignés » se rapportent donc aux signataires du Groupe dont les noms se trouvent au-dessous de l'écriture des Maîtres. En travers de la déclaration du Maître K. H. se trouve l'unique mot « Approuvé », de la main du Maître M., suivi de son initiale.

8. — Lettre VI, p. 43.

Reçue par le Pandit Pran Nath de Gwalior en janvier 1884. Transcription directe de l'original. La lettre du Maître répond à ce qui suit :

Allahabad.
10-1-84.

TRÈS VÉNÉRÉ MAITRE K. H.

Suis-je dans la bonne voie ? Ma présente manière de vivre mène-t-elle à l'avancement spirituel ? Suis-je capable d'influencer sérieusement mon incarnation prochaine par le bon Karma généré dans ma vie actuelle en obéissant sans faiblir à l'inclination de mon cœur ? Que dois-je faire pour obtenir l'honneur de me prosterner à vos pieds sacrés ?

Je suis à vous très affectueusement.

PRAN NATH. Membre S. T.

9. — Lettre VII, p. 44.

Transcription directe de l'original d'Adyar. Cette lettre et la suivante furent reçues par C. W. Leadbeater, la première le 31 octobre 1884 au matin, la seconde le même jour à minuit. La première lettre arrivée par la poste portait le timbre postal « Kensington, octobre 30-84 ». La seconde lettre fut « précipitée » en présence de C. W. L.

10. — Lettre VII, p. 44.

A cette époque C. W. L., faisant une enquête approfondie sur le spiritisme, assistait souvent aux séances de William Eglinton dont l'un des esprits-guides se nommait « Ernest ». Ernest assura à C. W. L. qu'il connaissait l'existence des Maîtres et se déclara prêt à remettre une lettre au Maître K. H. La lettre fut écrite et placée par M. Eglinton dans la boîte réservée aux communications des esprits-guides. Quelques jours après M. Eglinton fit connaître à C. W. L. que la lettre avait disparu de la boîte. Au cours de séances subséquentes il fut demandé à

Ernest ce que la lettre était devenue et Ernest assura qu'elle avait été remise à son adresse.

11. — Lettre VII, p. 44.

Upasika est un nom souvent donné à H. P. B. dans les lettres. Le terme est bouddhiste ; il s'applique à un disciple laïque ou à une personne ayant prononcé des vœux spéciaux mais ne signifie pas, techniquement, un moine ou une nonne.

12. — Lettre VII, p. 46.

A l'époque où cette lettre lui parvint, C. W. L. était prêtre desservant dans l'église anglicane. C'est le moment où les missionnaires chrétiens de Madras tentèrent de ruiner la Société Théosophique au moyen de ce que l'on appela « l'affaire Coulomb ».

13. — Lettre VII, p. 48.

« La mémoire de notre Seigneur le Tathâgata. » C'est là une expression des plus frappantes qui ne fut comprise que de longues années après la réception de la lettre. Elle se rapporte à des incidents survenus dans des vies écoulées et dans un passé lointain où C. W. L. vit le grand Seigneur face à face. Il semble que le Maître ait en quelque sorte essayé d'atteindre directement, au delà de la personnalité de C. W. L., l'Ego dans la conscience duquel les grandes vérités exis-

taient comme des objets de connaissance
directe.

14. — Lettre VIII, p. 48.
Transcription directe de l'original d'Adyar.
En recevant la lettre VII, C. W. L. qui ha-
bitait à Liphook, Hampshire, se rendit immédiatement à Londres pour y voir H. P. B.
et lui fit connaître sa résolution de partir
sans tarder pour Adyar. La lettre fut reçue
le même jour à minuit.

15. — Lettre IX, p. 49.
Réimprimé du *Link*, novembre 1908.
D'après le contexte, la date en est évidemment
la fin de 1883.

16. — Lettre IX, p. 50.
Ce « P.-S » forme déjà la première partie
de la lettre VI. Il semble donc que le Maître
ait employé ici comme post-scriptum la réponse qu'il avait donnée à la question du
Pandit Pran Nath.

17. — Lettre X, p. 51.
Transcription directe de l'original d'Adyar.

18. — Lettre XI, p. 51.
Transcription directe de l'original d'Adyar.

19. — Lettre XII, p. 55.
Cette lettre se trouve dans *Echoes from
the Past.*, *The Theosophist*, décembre 1907,

p. 259 où elle parut comme réimpression de l'*Indien Mirorr* de Calcutta, du 14 avril 1882.

20. — Lettre XIII, p. 56.
Cette lettre se rapporte à H. P. B. Transcription directe de l'original d'Adyar.

21. — Lettre XIV, p. 56.
Transcription directe de l'original d'Adyar. A cette époque M. Sinnett était l'éditeur de l'important journal antiindien *The Pioneer* d'Allahabad. M. Sinnett ayant embrassé la Théosophie, le ton du journal subit un changement qui déplut aux propriétaires du journal. Le Maître K. H. désirait qu'un journal qui aurait pour titre *The Phoenix* fût fondé avec des capitaux hindous, mais édité par M. Sinnett. Cependant les capitaux nécessaires ne furent pas souscrits.

22. — Lettre XIV, p. 57.
Norendro Nath Sen fondateur et éditeur de l'*Indian Mirror* de Calcutta.

23. — Lettre XV, p. 57.
Transcription directe de l'original d'Adyar. La seule lettre, à ma connaissance, que le Maître ait signée en toutes lettres, donnant ainsi à son avertissement un sens particulier. Finalement le destinataire éprouva en effet des doutes, et « quitta les rangs ».

24. — Lettre XVI, p. 61.

Transcription directe de l'original d'Adyar auquel est fixé une carte portant, de la main du colonel Olcott, les mots suivants : « Lettre adressée à H. S. O., écrite par le Maître K. H., *de sa propre main*, pendant une visite nocturne faite au colonel dans son camp du Maidan aux portes de Lahore. » (Voyez O. D. L.)

Le colonel Olcott dans *Old Dairy Leaves*, troisième série, pp. 36-37 décrit la manière dont il reçut cette lettre.

25. — Lettre XVI, p. 61.

Se rapporte à la visite du Maître M. au colonel Olcott, à New-York, racontée dans *Old Diary Leaves*, première série, pp. 379-380. La « preuve objective » est le *fehta* ou turban, aujourd'hui à Adyar, que le Maître M. laissa au colonel comme preuve que sa visite n'avait pas été une « maya » mais bien une réalité.

26. — Lettre XVI, p. 62.

Voyez *Old Diary Leaves*, troisième série, p. 37.

27. — Lettre XVII, p. 62.

Transcription directe de l'original d'Adyar auquel est fixé une carte portant, de la main du colonel Olcott, les mots : « Billet adressé à H. S. O. par le Maître K. H. afin de le préparer à sa visite, dans son corps physique, sous la tente du colonel, à Lahore. » (Voyez *O. D. L.*) Cette deuxième visite est racontée par le colonel Olcott dans *Old Diary Leaves*, troisième série, p. 42 et par M. W. T. Brown, présent à l'entrevue, dans sa brochure : *Some Experiences in India*. Le messager dont il est fait mention est le Maître D. K.

28. — Lettre XVIII, p. 63.

Réimprimé du *Theosophist*, numéro de février 1908, contenant la note explicative suivante rédigée par le colonel Olcott : « Jetée dans mon compartiment du train, le 5 avril 1884, alors que je lisais dans une série de lettres de L. L. les détails concernant le différend Kingsford-Sinnett. Cette lettre tomba devant moi au moment précis où je notais un paragraphe dans celle de B. K. concernant les Mahatmas. Mohini et moi étions seuls dans le wagon. H. S. O. » Voyez aussi *Old Diary Leaves*, troisième série, pp. 90-91.

29. — Lettre XIX, p. 65.

Il est à peu près certain, non seulement d'après le contexte mais encore d'après un fait mentionné par le colonel Olcott, que cette lettre a été reçue en août 1888, mais, chose curieuse, il semble en lisant *Old Diary Leaves*, troisième série, p. 91, qu'elle l'ait été en 1883. Le colonel Olcott y cite cette lettre qu'il rapporte aux difficultés éprouvées en 1884 par la Loge de Londres, difficultés au sujet desquelles des instructions lui furent données dans la lettre XVIII. Le colonel Olcott dit de cette lettre XIX : « elle fut reçue phénoménalement dans ma cabine à bord du *Shannon*, la veille de notre arrivée à Brindisi (p. 91). Or le colonel quitta Bombay pour Londres par le paquebot postal *Shannon* de la P. O. le 7 août 1888, comme le rapporte le *Supplement* du *Theosophist* de septembre 1888, p. C III. En outre, dans le corps de la lettre elle-même, le Maître dit : « Depuis 1885, je n'ai pas écrit; » et C. W. L. dont il est fait mention à la fin de la lettre n'est pas allé aux Indes avant la fin de 1884. Il semble que le colonel Olcott, dans sa relation des incidents concernant la Loge de Londres, ait vu dans cette lettre sur la « situation » en 1888 une référence à la situation en 1884.

Il vaut peut-être la peine de faire remarquer toute l'urgence de la situation en 1888. La S. T. fondée en 1875 fut mise à l'épreuve de diverses manières pendant les sept premières années de son existence. Sur un point elle faillit à sa mission, en ce qu'elle ne voulut pas accepter ouvertement la conduite directe des « Frères », c'est-à-dire des Maîtres qui formaient la « Première Section » de la

Société. En 1882 la majorité des membres de la S. T. avaient accepté la philosophie occulte enseignée par les Maîtres mais refusaient d'accepter la direction occulte imprimée par les Maîtres par l'intermédiaire de leurs Chelas à l'administration extérieure de la Société. A la fin du premier cycle, en 1882, les Maîtres se tinrent donc, dans une certaine mesure, à l'écart en ce qui concernait les affaires extérieures de la Société et ne donnèrent leurs instructions qu'individuellement à certaines personnes choisies.

Quand le deuxième cycle approcha de son terme, en 1889, H. P. B. désira vivement faire un effort nouveau pour affermir les liens occultes unissant aux Maîtres la S. T. Elle y réussit : l'E. S. T. en fut la conséquence. Mais, avant que l'E. S. T. pût s'organiser, bien des difficultés se présentèrent et cette lettre XIX reçue par le colonel Olcott eut précisément pour résultat d'aplanir les obstacles dans l'administration de la Société et de permettre à l'E. S. T. d'accomplir sa tâche sous la direction exclusive de H. P. B. sans intervenir dans l'organisation démocratique de la S. T. ni en subir l'influence. Mais ce ne fut pas avant 1907 que la S. T. se retrouva constituée comme à l'origine, les Maîtres de la Sagesse formant de nouveau la « Première Section » de la Société.

30. — Lettre XIX, p. 71.

J'ignore le nom de l'Adepte indiqué par ce symbole. Je n'ai pas réussi davantage à découvrir à quel incident survenu à Adyar le Maître fait allusion.

31. — Lettre XX, p. 73.

Transcription directe de l'original d'Adyar.

32. — Lettre XXI, p. 81.

Cette lettre se trouve dans la brochure *Some Experiences in India* par W. T. Brown. B. L., F. T. S., membre de la Loge de Londres de la S. T., qui se rendit aux Indes en 1883. Il était présent avec le colonel Olcott à Lahore quand se passa l'incident dont parlent les lettres XVI et XVII. A cette époque le Maître K. H. avait passé du Thibet dans l'Inde et M. Brown le vit, comme il le raconte dans la brochure en question.

33. — Lettre XXI, p. 81.

Le Maître K. H. est, de naissance, un Brahmane Kashmiri. M. Brown était alors avec le colonel Olcott à Jammu, Kashmir, l'hôte du Maharajah régnant. La lettre fut reçue « enfermée dans une enveloppe envoyée par Mme G. — mais venue d'Allemagne par la poste. Ce détail était très significatif ; il prouvait, à mon avis, que le Maître savait que, si j'avais été amené à la Lumière Théosophique, je le devais à Mme G. — La dame dont il est question est probablement Mme Gebhard. M. W. T. Brown — « le pauvre Brown » — quitta plus tard la S. T. Voyez *Old Diary Leaves*, troisième série, chapitres III et XXIII.

34. — Lettre XXII, p. 81.
Reçue par M. W. T. Brown le 17 décembre 1883, comme le raconte la brochure. Transcription d'une copie appartenant au Pandit Pran Nath de Gwalior. Suivant le Conseil qui lui avait été donné, M. Brown rédigea le récit de ses expériences dans la brochure ci-dessus mentionnée.

35. — Lettre XXIII, p. 86.
Transcription directe de l'original d'Adyar.

36. — Lettre XXIV, p. 86.
Transcription directe de l'original d'Adyar.

37. — Lettre XXV, p. 90.
Reçue à Adyar en décembre 1883 par le prince Harisinghji Rupsinghji, de la famille régnante de Bhavnagar. Réimprimé du *Theosophist, Supplement*, février 1884, p. 87.

38. — Lettre XXVI, p. 93.
Transcription directe de l'original d'Adyar. Elle est écrite sur un bout de papier et doit

avoir été ajoutée à un article adressé au *Theosophist* dirigé, pendant l'absence de H. P. B. par Damodar K. Mavalankar. L'article dont il est question se trouve dans le *Theosophist, Supplement,* février 1884, p. 31. C'est une lettre écrite par V. Coopooswamy Iyer, M. A. F. T. S., de Madura, racontant la réception phénoménale d'un message en présence de plusieurs personnes. Les mots « la déclaration de Subram » se rapportent à la lettre de M. (aujourd'hui doct.) S. Subramanya Iyer, B. L., alors Vakil de la Haute-Cour à Madura qui décrit également certains phénomènes arrivés en sa présence.

39. — Lettre XXVII, p. 93.

Transcription directe de l'original d'Adyar. Reçue par Damodar K. Mavalankar, elle est marquée dans l'angle : « Reçue à 5 heures du matin, le 27-2-84. D. K. M. partit pour le Thibet en avril 1885. La lettre fut réimprimée dans le *Theosophist* de novembre 1908, p. 173.

40. — Lettre XXVIII, p. 94.

Réimprimé du *Theosophist* de février 1908, p. 391, où il est dit que la lettre fut reçue par le docteur F. Hartmann, à Adyar, en 1884, alors que les Fondateurs étaient tous deux en Europe. « D. » est évidemment D. M. K.

41. — Lettre XXIX, p. 96.

Réimprimé d'une copie appartenant à C. W. L. La lettre a été réimprimée dans le *Theosophist* de décembre 1907, p. 260, avec une note disant que le 5 juin 1886 M. Tookaram Tatya mit à la poste à Bombay une lettre adressée au colonel Olcott. Quand cette lettre fut remise au destinataire, le 7 juin à Adyar, le message du Maître se trouvait inscrit sur une page blanche. La lettre parle de D. M. K. qui, après beaucoup de souffrances et de privations, avait pénétré en Thibet et atteint la résidence de son Maître.

42. — Lettre XXX, p. 101.

C'est évidemment une des lettres adressées à M. A. O. Hume, écrites en 1881 ou 1882. Réimprimé du *Theosophist* de juin 1907, pp. 702-706.

43. — Lettre XXX, p. 104.

Se rapporte aux lettres écrites par le Maître M. à M. Sinnett, et à M. Hume. Ces lettres du Maître, encore inédites, révèlent une Personnalité dont le style est net et incisif et de la plus séduisante franchise.

44. — Lettre XXX, p. 104.

Les lettres « O. L. » remplacent souvent les initiales H. P. B. — « Old Lady. » (La « Vieille Dame ».)

45. — Lettre XXX, p. 106.

C'était en 1882. Les mots et les phrases ont évidemment si peu d'importance comparés à la *pensée* du penseur que je n'ai pu découvrir la moindre trace, dans les lettres du Maître M., des particularités personnelles de la pensée de H. P. B. ou de H. S. O. Un géant peut employer le petit marteau, jouet d'un enfant, mais la vigueur qui assène le coup est celle d'un bras de géant et non celle d'un bras d'enfant.

46. — Lettre XXXI, p. 113.

Les questions avaient été posées en mars 1884 par M. Navatamram Ootamram Trivedi de Surat. Réimprimé du *Theosophist* de juillet 1907, pp. 782-783.

47. — Lettre XXXI, p. 115.

Feu T. Subba Row, l'un des élèves du Maître M. et collaborateur de H. P. B. dans les premiers volumes du *Theosophist*. Ses nombreux articles ont été réunis dans le volume *A Collection of Esoteric Writings of T. Subba Row*, F. T. S., B. A., B. L., Bombay, 1895.

48. — Lettre XXXII, p. 116.

Réimprimé du *Theosophist* de novembre 1907, p. 167. Cette lettre et la suivante sont publiées dans le *Theosophist* comme si elles n'en faisaient qu'une ; comme il me semble qu'elles peuvent provenir de deux messages différents je les ai séparées.

49. — Lettre XXXIII, p. 117.
Réimprimé du *Theosophist* de novembre 1907, p. 167.

50. — Lettre XXXIII, p. 117.
Se rapporte à la première lettre du présent recueil (Voyez p. 11.)

51. — Lettre XXXIV, p. 121.
Les messages des Maîtres renferment de nombreuses instructions prenant la forme de commentaires sur les lettres, instructions ajoutées aux lettres elles-mêmes, souvent dans un espace quelconque laissé en blanc, souvent aussi en travers de l'écriture. Cette lettre a pour auteur Miss F. Arundale et le commentaire du Maître y a été ajouté pendant le transport postal. Transcription directe de l'original d'Adyar.

52. — Lettre XXXIV, p. 121.
La Société Théosophique britannique.

53. — Lettre XXXV, p. 122.
Transcription directe de l'original d'Adyar. Ce court billet arriva dans une lettre adressée par H. P. B., le 17 juillet 1883, d'Oota-

camund dans les monts Nilgiris, à M. G. Soobiah Chetty, Madras, lettre invitant ce dernier à venir la voir dans les montagnes. La majeure partie de la lettre se rapporte à M. G. Muttuswamy Chetty, juge au tribunal des petites causes de Madras et père de M. G. Soobiah Chetty. M. G. Muttuswamy Chetty reçut une lettre *en tamil*, mise à la poste à Amritsar, envoyée par le Maître K. H. et dont la traduction, nous dit-on, était : « Le journal de Sinnett est, pour l'Inde, l'unique moyen de salut. Vous devez travailler dans ce sens. Koot-hoomi. » En recevant le message M. Muttuswamy Chetty tenta de réunir parmi ses amis une partie du capital nécessaire pour fonder le journal *The Phœnix* (voyez Lettre XIV), mais n'y parvint pas.

54. — Lettre XXXVI, p. 123.

Cette brève mais frappante affirmation est inscrite sur la feuille de garde d'une grande édition illustrée de *la Lumière d'Asie* aujourd'hui à Adyar et donnée à H. P. B. La feuille de garde porte ces mots : « H. P. Blavatsky de son ami Gerard Brown Finch. » M. Finch était président de la Loge de Londres de la S. T. en 1884. Peu de temps après il « quitta les rangs ».

55. — Lettre XXXVII, p. 124.

Transcription directe de l'original d'Adyar. Ce message se trouve écrit en travers d'une lettre pliée, écrite par H. P. B., d'Elberfeld, le 23 juin 1886, à C. W. L. alors à Ceylan. Le message du Maître fut précipité pendant le transport. La lettre de H. P. B. à C. W. parlait d'un chela Hindou du Maître, chela qui se trouvait avec elle en Allemagne mais qui prit parti contre elle. Les mots « le petit homme a échoué » s'appliquent à ce personnage qui, par le fait même, « quitta les rangs ».

56. — Lettre XXXVIII, p. 127.

Cette lettre est, de toutes les lettres des Maîtres, la plus ancienne : elle fut écrite en 1870, cinq ans avant la fondation de la S. T. L'original, en français, se trouve aujourd'hui à Adyar. Il est de l'écriture, maintenant bien connue, du Maître K. H. La destinataire est la tante de H. P. B., Mme Nadejda Fadeeff, qui écrivit le 26 juin 1884, de Paris, au colonel Olcott concernant cette lettre, décrivant l'impression éprouvée par la famille de H. P. B., sans nouvelles d'elle depuis plusieurs années. Elle s'exprime en ces termes :

Toutes nos recherches étaient restées vaines. Nous étions disposées à la croire morte quand vers l'année 1870, je crois, ou peut-être plus tard, je reçus une lettre de la personne que vous appelez, il me semble, « K. H. ». Cette lettre me fut remise de la façon la plus incompréhensible et la plus mystérieuse par un messager d'apparence asiatique qui disparut ensuite sous mes yeux. Cette lettre qui me demandait de n'éprouver aucune crainte et m'annonçait qu'elle était en sûreté, je la possède encore à Odessa. Dès mon retour je vous l'enverrai et je serai fort heureuse si elle peut vous être utile. (Rapport sur les résultats d'une enquête faite sur les accusations portées contre Mme Blavatsky, 1885, p. 94.)

Mme Fadeeff écrivit dix jours plus tard d'Odessa au colonel Olcott en lui communiquant la lettre originale. Dans l'angle inférieur gauche de l'enveloppe est écrit en russe, au crayon, de la main de Mme Fadeeff, ce qui suit :

« Reçu à Odessa, le 7 novembre, concernant Lelinka, probablement du Thibet. — 11 novembre 1870. Nadejda F. » *Lelinka* était le nom familier de H. P. B. La lettre du Maître est signée non pas de ses initiales K. H. mais d'une initiale appartenant à une langue qui m'est inconnue. Certaines remarques du Maître M. contenues dans une de ses lettres donnent à supposer qu'il ait été le « messager d'apparence asiatique » porteur du pli.

57. — Lettre XXXIX, p. 131.
Transcription directe de l'original d'Adyar.

58. — Lettre XXXIX, p. 131.
L'ouvrage, *Man : Fragments of Forgotten History, by two Chelas of the Theosophical Society*, publié en 1885.

59. — Lettre XL, p. 137.
Je n'ai pas réussi à retrouver la lettre originale dans laquelle se trouvent ces lignes, mais elle a été reproduite dans le *Theosophist* de novembre 1907, p. 167.

60. — Lettre XL, p. 137.
« La bénédiction de notre Seigneur » — celle du Seigneur Gautama Bouddha.

APPENDICE

LETTRE XXX A (1)

A la pensée d'aborder mon rôle nouveau d'instructeur, la simple prudence me fait

(1) Cette lettre est du Maître K. H. à M. Allan Octavian Hume qui était alors un fonctionnaire supérieur du Gouvernement de l'Inde. M. Hume devint le Président de la Société Théosophique éclectique de Simla quand elle fut organisée en 1881. La lettre est reproduite d'après une copie que j'ai trouvée à Paris. C'est une lettre, longue d'une douzaine de pages, discutant plusieurs théories scientifiques et philosophiques, dont la partie du milieu a été volontairement omise dans cet ouvrage. Comme cette lettre semble être la première adressée à M. Hume, elle devrait, en réalité, précéder la Lettre XXX.

hésiter. Si M. ne vous a pas donné entière
satisfaction (1), j'ai peur de vous en donner
moins encore, car mon vœu de silence m'em-
pêchera de vous révéler une foule de choses.
Je dispose de beaucoup moins de temps que
lui. Pourtant je ferai de mon mieux. Il ne
sera pas dit que j'aie méconnu votre sincère désir d'être utile à la Société et par
suite à l'humanité, car je suis profondément
convaincu que nul n'est plus apte que
vous (2) à dissiper, aux Indes, les brouil-
lards de la superstition et des erreurs popu-
laires, en éclairant les problèmes les plus
obscurs...

Je dispose de *très peu de temps*; je ferai
cependant mon possible. Mais je ne puis
rien promettre. Pour le reste, je dois garder
le silence en ce qui touche les Dhyan-
Chohans. Je ne puis vous dévoiler non plus

(1) Pendant un certain temps le Maître M. donna
l'instruction aux membres de la Société Théosophique
de Simla; voir la « Conclusion » de l'ouvrage *le
Monde Occulte.*

(2) M. Hume avait une instruction scientifique, il
connaissait à fond l'histoire naturelle et était un or-
nithologiste distingué.

les secrets concernant la 7e Ronde. L'assimilation de connaissances ne suffit pas pour reconnaître les phases supérieures de l'être humain sur cette planète. Les manuels les plus parfaits ne peuvent révéler à l'homme ce qu'est la vie dans les régions supérieures. Il faut acquérir, par l'expérience personnelle et l'observation directe, la connaissance des faits spirituels, car, suivant l'expression de Tyndall, les faits considérés en soi sont vivants; traduits en mots ils perdent la moitié de leur sève. Si le Chohan, mon Maître (1), jusqu'ici intraitable, m'a permis enfin de consacrer dans une certaine mesure une portion de mon temps aux progrès des « Éclectiques (2) », la raison en est peut-être que vous reconnaissez ce grand principe de l'observation personnelle et que vous mettrez en pratique, sans tarder, les informations utiles recueillies. Mais je suis seul et vous êtes nombreux. Sauf M., aucun

----

(1) Le grand Adepte, appelé le Mahachohan, auquel nous devons la Lettre I.

(2) Ceci se rapporte à la Société Théosophique Éclectique de Simla. (N. D. T.)

de mes frères ne m'aidera dans cette tâche, pas même notre frère grec, semi-européen (1), qui disait il y a peu de jours : « Quand tous les « Éclectiques » de la montagne (2) seront devenus des hérétiques, je verrai ce que je peux faire pour eux. » Or, vous le savez, cette éventualité n'est guère probable.

Souvent certaines personnes se consacrent jusqu'à l'épuisement de leurs forces à la poursuite de la connaissance, mais sans se montrer bien impatientes de mettre leur savoir à la disposition de leur prochain. Il en résulte une froideur, une indifférence mutuelle, mettant l'homme *qui sait* en contradiction avec lui-même et en désaccord avec son entourage. A notre point de vue, l'inconvénient est bien plus grave, pour l'homme, du côté spirituel que du côté matériel. Aussi, je vous exprime mes sincères remerciements, et voudrais vous amener à

(1) Connu sous le nom du Maître Hilarion.

(2) Simla, capitale estivale du Gouvernement de l'Inde, étant située dans les montagnes à 7084 pieds au-dessus du niveau de la mer, d'où le terme « montagne ».

réaliser des progrès véritables et à obtenir
des résultats plus importants, en appliquant
vos connaissances à un enseignement per-
manent, sous forme d'articles et de bro-
chures.

Mais, pour atteindre le but proposé, c'est-
à-dire pour mieux saisir les théories de
notre doctrine occulte, théories extrêmement abstruses et tout d'abord incompré-
hensibles, que rien ne trouble la sérénité
de votre mental pendant vos heures de
travail littéraire, ni dans les moments qui
le précèdent. C'est sur la surface sereine
et calme du mental apaisé que les visions
recueillies dans l'invisible trouvent leur re-
présentation dans le monde visible. Autrement, il serait vain de rechercher ces visions, ces jets de lumière soudaine qui ont
déjà facilité la solution des problèmes se-
condaires et qui seuls peuvent présenter la
vérité aux yeux de l'âme. C'est avec un
soin jaloux qu'il faut préserver notre plan
mental de toutes les influences adverses qui
naissent journellement, au cours de notre
vie terrestre. Nombreuses sont les ques-

tions posées dans vos lettres. Il en est peu auxquelles je puisse répondre.

En ce qui concerne votre femme, la question est plus sérieuse, et je ne puis assumer la responsabilité de modifier son régime aussi brusquement que vous le suggérez. Elle peut renoncer, en tout temps, au poisson et à la viande : aucun inconvénient ne peut en résulter. Quant aux spiritueux auxquels Mrs H. a longtemps eu recours comme toniques, vous connaissez vous-même les conséquences fatales pour une constitution infectée, pouvant résulter d'une soudaine privation des stimulants habituels. Sa vie physique n'est pas une existence réelle soutenue par une réserve de force vitale mais une existence fictive entretenue par le spiritueux, même absorbé en quantité minime. Une constitution vigoureuse pourrait bientôt reprendre le dessus après l'ébranlement initial produit par le changement que vous proposez; dans son cas un déclin serait à redouter. Il en serait de même, si l'opium ou l'arsenic étaient ses principaux soutiens. Encore une fois je ne promets rien, mais ferai, en ce sens, ce que je pourrai.

« M'entretenir avec vous et vous instruire par la lumière astrale. » Un tel développement de vos facultés psychiques vous permettant de percevoir les sons occultes serait beaucoup moins facile que vous ne l'imaginez. Un pareil développement ne peut se donner, *il doit s'acquérir*, la règle est inexorable. Quand ces facultés sont acquises et prêtes à servir, elles demeurent muettes et endormies, à l'état potentiel, comme les rouages et le mouvement d'horlogerie dans une boîte à musique. Alors, seulement, il devient facile de remonter l'appareil et de le mettre en marche. Naturellement vous avez plus de chances de réussir que mon ami zoophage, Mr... (1) : car, en admettant même qu'il renonçât à la nourriture animale, il conserverait pour elle une convoitise qu'il ne pourrait dominer. Dans ce cas l'obstacle serait le même. Mais tout

(1) Le Maître essaya, à plusieurs reprises mais sans succès, de décider cette personne à devenir végétarienne.

homme résolu *peut*, par la pratique, acquérir ces pouvoirs. En résumé : ils sont à tous
comme la lumière du soleil, ou l'air respi-
rable. Tous les pouvoirs de la nature entière sont à votre portée. *Prenez ce que vous
pouvez.*

Je réfléchirai à votre proposition concernant la boîte (1). Il faudrait faire en sorte
qu'après avoir magnétisé la boîte, il ne se
produisît pas de déperdition soit pendant le
transport, soit après. Je songerai à solliciter
un conseil ou plutôt une permission. Mais,
je dois l'avouer, le moyen nous répugne
comme tout ce qui a rapport au spiritisme
et à la médiumnité. Nous aimerions bien
mieux employer des moyens naturels comme
pour mon dernier envoi d'une lettre à votre
adresse. C'est un des Chelas de... qui la
déposa pour vous dans le massif de fleurs :
il était entré, invisible pour tous bien que
dans son corps naturel, comme il avait
maintes fois pénétré dans votre musée et
d'autres salles à l'insu de chacun, pendant

---

(1) Boîte utilisée pour les correspondances. (N. D. T.)

et après « le séjour de la vieille dame (1). »
Mais, sans ordre formel de..., *jamais* il ne
le fera. Voilà pourquoi la lettre que vous
m'avez adressée a été ignorée.

Vous éprouvez, mon bon Monsieur, à
l'égard de mon frère (2) des sentiments in-
justes, car il est meilleur et plus puissant
que moi; du moins plus libre et plus indépendant. J'ai demandé à H. P. B. de vous
envoyer une série de lettres philosophiques
émanant d'un théosophe hollandais de Pa-
dang; cet homme m'intéresse. Vous demandez plus de travail ? En voici. Ce sont des
traductions originales des pages de Schopenhauer qui se rapprochent le plus de nos
doctrines Arhat. Le style anglais est mé-
diocre, mais le texte a sa valeur. Si cela
vous convient, je vous conseille de correspondre directement avec le traducteur,
M. Sanders M. S. T. La valeur philoso-
phique de Schopenhauer est si bien connue
en Occident qu'il pourrait être instructif de

(1) Mme Blavatsky.
(2) Le Maître M. que M. Hume accusait d'être un
instructeur sévère.

comparer ou de mettre en parallèle ses enseignements sur la volonté et ceux que vous avez vous-même reçus. Oui, je suis tout prêt à revoir vos 50 ou 60 pages et à les annoter. en marge. Envoyez-les-moi soit par le petit « Dib » soit par Damodar, Djual Koul (1) les transmettra. Incessamment, peut-être demain, vos deux questions recevront de moi une longue réponse.

En attendant je suis sincèrement à vous.

K. H.

La traduction thibétaine n'est pas encore tout à fait prête.

LETTRE XXXIII A.

Je suis chargé par mon très cher Maître, connu dans l'Inde et en Occident sous le nom de Koot Hoomi Lal Singh, de faire

(1) Alors le disciple le plus avancé du Maître K. H. et qui a depuis lors atteint la Maîtrise.

en son nom la déclaration suivante en réponse à un certain propos tenu par M. W. Oxley et envoyé par lui à la Presse. Cette personne assure que mon Maître Koot Hoomi (*a*) lui a rendu visite trois fois dans son corps astral et (*b*) que, dans une conversation avec lui (M. Oxley), il lui aurait donné certaines explications générales relatives aux corps astrals et affirmé l'impuissance de son propre *Mayavi rupa* à maintenir simultanément la conscience avec le corps « aux deux bouts de la ligne ». En conséquence mon Maître déclare :

1° Quelle que soit la personne que M. Oxley ait vue et avec laquelle il aurait conversé à l'époque décrite par lui, ce n'est pas Koot Hoomi, l'auteur des lettres publiées dans *le Monde occulte;*

2° Néanmoins, bien que mon Maître connaisse la personnalité de M. Oxley par une lettre autographe qu'il lui a écrite, lettre dans laquelle lui étaient offerts les moyens de faire sa connaissance (celle de M. Oxley), et bien qu'il rende hommage à ses facultés intuitives et à sa culture occidentale;

Mon Maître n'a jamais été auprès de lui, ni astralement, ni d'autre manière ; il n'a jamais eu de conversation avec lui ; il n'a donc pu, en aucune circonstance — même si une conversation avait eu lieu — exprimer les propos qui lui sont imputés.

Pour se garder de toute méprise de ce genre dans l'avenir, mon Maître n'entreprendra désormais aucune communication avec un médium ou un clairvoyant sans garantir l'authenticité de cette communication au moyen de trois mots-de-passe qui seront connus de MM. A. O. Hume, Président, et A. P. Sinnett, Vice-Président de la Société Théosophique Éclectique de Simla, de façon que ces Messieurs puissent déclarer explicitement que mon Maître ne saurait être l'auteur d'un écrit qui lui serait attribué et sur lequel ne figureraient pas ces mots-de-passe.

Par ordre :

GJUAL KHOOL M*.

Cette lettre est reproduite du *The Théosophist*, septembre 1882, où elle figure comme note à un article intitulé « The Philosophy of Spirit ».

ADDENDA

Lettre I, page 18, *ligne* 5.

Après les mots : « le crime est presque inconnu parmi les Bouddhistes thibétains » et avant « Le monde en général, et le christianisme en particulier »... intercaler phrase suivante :

Les observations qui précèdent ne sont pas adressées personnellement à vous, A. P. S. et ne concernent pas le travail de la Société éclectique de Simla (1); elles ne sont qu'une réponse à l'impression erronée venue à l'esprit de M. H. : que « l'œuvre faite à Ceylan » n'est pas de la Théosophie.

(1) La Société Théosophique éclectique de Simla, fondée en 1881, était une branche de la Société-mère.

PUBLICATIONS THÉOSOPHIQUES
4, SQUARE-RAPP, PARIS VIIᵉ

Le Bouddhisme ésotérique	A. P. SINNETT.	5	25
Le Monde occulte	—	4	50
La Clef de la Théosophie.	H. P. BLAVATSKY.	5	25
La Voix du Silence.	—	2	25
La Doctrine Secrète, t. I	—	13	»
— *t. II*	—	25	»
— *t. III*	—	13	»
— *t. IV*	—	13	»
— *t. V*	—	13	»
— *t. VI*	—	25	»
L'Histoire authentique de la Société Théosophique, traduction de « OLD DIARY LEAVES », t. I	H. S. OLCOTT.	8	25
— *t. II*	—	8	25
— *t. III*	—	8	25
Vers le Temple	ANNIE BESANT.	3	25
Les Maîtres et l'œuvre théosophique	—	4	50
Les Maîtres	—	1	75
La Lumière sur le Sentier	M. C.	2	25
Aux pieds du Maître	ALCYONE.	5	»

4770. — TOURS, IMPRIMERIE E. ARRAULT ET Cⁱᵉ